Mörderische Weihnachten

Das Buch

Wenn die Tage kürzer werden und die Dunkelheit in den skandinavischen Wäldern und Städten Einzug hält, geht es dort nicht immer nur besinnlich zu. Liza Marklund, Arne Dahl, Åke Edwardson, Helene Tursten und viele andere Autoren erzählen in ihren Weihnachtskrimis, dass das Fest im hohen Norden mehr als nur Safrangebäck und Glögg bereithält. Nämlich dann, wenn sich der Weihnachtsmann als Mörder erweist, ein gefallener Engel das Fest der Liebe mit allen Mitteln durchsetzen will und ein Verrat in der Vorweihnachtszeit zum tödlichen Verhängnis wird.

Mit Beiträgen von: Liza Marklund, Arne Dahl, Torbjörn Flygt, Åke Edwardson, Kjell Eriksson, Helene Tursten, Johanna Nilsson, Leif Davidsen, Arne Blom und Inger Frimansson.

Die Herausgeberin

Liza Marklund, geboren 1962 in Piteå, arbeitete lange als Journalistin für verschiedene Zeitungen und Fernsehsender, bevor sie begann, Romane zu schreiben. Mit ihrer Krimiserie um Annika Bengtzon wurde sie innerhalb kürzester Zeit zur gefeierten Bestsellerautorin.

Von Liza Marklund ist in unserem Hause bereits erschienen:

Kalter Süden

Liza Marklund (Hg.)

Mörderische Weihnachten

List Taschenbuch

Besuchen Sie uns im Internet:
www.list-taschenbuch.de

Mix
Produktgruppe aus vorbildlich bewirtschafteten Wäldern und anderen kontrollierten Herkünften
www.fsc.org Zert.-Nr. GFA-COC-1223
© 1996 Forest Stewardship Council

Dieses Taschenbuch wurde auf FSC-zertifiziertem Papier gedruckt. FSC (Forest Stewardship Council) ist eine nichtstaatliche, gemeinnützige Organisation, die sich für eine ökologische und sozialverantwortliche Nutzung der Wälder unserer Erde einsetzt.

Originalausgabe im List Taschenbuch
List ist ein Verlag der Ullstein Buchverlage GmbH, Berlin.
1. Auflage November 2010

Konzeption: semper smile Werbeagentur GmbH, München
Umschlaggestaltung: bürosüd° GmbH, München
Titelabbildungen: Getty Images/Lars Dahlstrom
Satz: LVD GmbH, Berlin
Gesetzt aus der Sabon
Papier: Munkenprint von Arctic Paper Munkedals AB, Schweden
Druck und Bindearbeiten: CPI – Clausen & Bosse, Leck
Printed in Germany
ISBN 978-3-548-61015-3

Inhalt

Liza Marklund

Vorwort

Die Weihnachtsfeste meiner Kindheit, in meiner Erinnerung sind sie magisch.

Farblos, eiskalt und knisternd.

Wenn am Polarkreis ganz im Norden Schwedens die Nacht am längsten war, wurde es nicht mehr Tag. Nur ein wenig heller um die Mittagszeit, und noch ehe man den Unterschied bemerkte, dämmerte es wieder und die Nacht kehrte samt ihrer Dunkelheit zurück. Aber das war keineswegs beängstigend, denn richtig schwarz wurde es nie.

Im blauen Mondlicht konnte ich die Landschaft rund um unser kleines Haus sehen. Der Schnee hing wie ein schwerer Mantel auf den Ästen im Wald, in der Auffahrt türmten sich weiße Wälle, die vom Schneepflug angehäuft worden waren, und vor der schwarzen Silhouette der Berge im Westen streckte sich das offene Feld unberührt hinunter zum Fluss.

Und über allem spannte sich der Weltraum so unergründlich grenzenlos. Solche Sterne habe ich später nur tief in der Wüste oder in unbewohnten Teilen des afrikanischen Kontinents noch einmal gesehen: hell wie Scheinwerfer, glitzernd und funkelnd. Und dann tanzte, flackerte und sprühte das Nordlicht. (Man sagt, dieses Himmelsphänomen mache keine

Geräusche, ich weiß, aber das stimmt nicht. Ich habe das Nordlicht schon zischen und singen und knistern hören.)

Ich hatte nie Angst vor der Dunkelheit, denn die Dunkelheit war etwas Allgegenwärtiges, eine Grundkonstante.

Und wenn es am allerdunkelsten war, stand Weihnachten bevor. Und mit Weihnachten kamen die Lieder und die Geschenke und die Spiele mit den Cousins (und meine zaghaften und ängstlichen Versuche, es ihnen recht zu machen, um mitspielen zu dürfen).

Durch die Geschäftigkeit der Erwachsenen lag eine Erwartung in der Luft, eine Energie, die Schatten zum Leuchten brachte. Da wurde der Stockfisch gewässert, der Weihnachtsschinken gegrillt, der Lachs mariniert, der Hering eingelegt, der Verwandtschaftsbesuch geplant, der Tannenbaum geschlagen, der Küchenboden gebohnert, und was am allerbesten war: Meine Mutter kochte in der gusseisernen Pfanne auf dem Herd Sahnebonbons, die sie in einer Schüssel mit halbgeschmolzenem Schnee abkühlte, um zu probieren.

Das war, ja, magisch.

Aber irgendwann unterwegs verschwand sie, die Magie.

Ich wurde erwachsen und wohnte in großen Städten ohne Sterne und ohne Cousins, und Weihnachten wurde zu einer lästigen Unterbrechung in meinem stressigen Leben, ein ungebetener Gast, der einfach ohne anzuklopfen hereinkam, es sich auf dem besten Sofa bequem machte, ohne sich die Stiefel auszuziehen, und dann nach Essen, Aufmerksamkeit und Fürsorge verlangte.

Weihnachten machte mich wütend.

Warum kam es ausgerechnet, wenn es am dunkelsten und

ich am müdesten war und beruflich so viel wie nie zu tun hatte? Konnte es nicht wenigstens zuerst fragen? Ob es mir passte, dass es sich niederließ, oder ob wir nicht vielleicht lieber mal ein Jahr oder zwei aussetzen sollten?

Mitte der 80er Jahre bin ich in die Totalverweigerung gegangen. Ich habe Weihnachten ganz einfach vom Sofa verjagt und es ins Treppenhaus gesperrt, und da stand es dann und glotzte mich jedes Mal an, wenn ich meine Wohnung betrat oder verließ. Ich ignorierte es, so gut es ging, aber besonders gut funktioniert hat das nicht. Alle um mich herum begrüßten es nämlich freundlich, luden es zu Glögg und Safrangebäck ein und sangen ihm schiefe Lieder, während ich angesäuert versuchte, über etwas anderes zu sprechen.

Natürlich habe ich verloren.

Denn wenn in Schweden auf etwas geachtet wird, dann sind es unsere Traditionen, und wenn es eine Tradition gibt, die uns heiliger ist als alle anderen, dann ist es das Weihnachtsfest.

Wir Schweden haben im Laufe der Jahre eine ziemlich komplizierte Weihnachtstradition entwickelt, die (für Außenstehende) eine Reihe völlig unbegreiflicher Zutaten enthält. Zum Beispiel eine spezielle Fernsehsendung, die am Heiligen Abend nachmittags um drei Uhr ausgestrahlt wird. Die Sendung heißt »Donald Duck und seine Freunde wünschen frohe Weihnachten« und besteht aus Zeichentrickfilmen von Walt Disney, aus dem Jahr 1958.

Ganz Schweden hält inne, wenn diese Sendung läuft. Sie ist die eigentliche Grundlage des schwedischen Weihnachtsfests. Das Essen, die Geschenke, die Weihnachtsgeschichte und Besuche werden um Donald Duck herum geplant. Nur die Fußball-WM und der Eurovision Song Contest (ebenfalls beides heilig in Schweden) können es mit den Zuschauerzahlen von Donald Duck am Heiligen Abend aufnehmen.

Dieses absurde Interesse für eine fünfzig Jahre alte Kindersendung geht wahrscheinlich auf Schwedens – milde ausgedrückt – rigide Medienpolitik in den 60er und 70er Jahren zurück.

Bis weit in die 80er Jahre hinein gab es in Schweden nur zwei Fernsehsender (staatliche natürlich), und das einzige Mal im Jahr, dass diese Sender amerikanische Zeichentrickfilme zeigten, war eben an Weihnachten. (Den Rest des Jahres wurden massenhaft tschechische, russische und andere politisch korrekte Animationsfilme gesendet, aber nie welche von Walt Disney.)

Das Bedürfnis, sich einmal im Jahr in überholtem, imperialistischem Kapitalismus zu wälzen, brachte auf diese Art eine schwedische Weihnachtstradition hervor, die sich eisern hält. Die Zuschauerzahl stieg letztes Weihnachten wieder um 80 000.

Eine weitere wichtige Tradition ist das schwedische Weihnachtsessen. An Weihnachten essen die Schweden Gerichte, die sie zu keiner anderen Zeit des Jahres zu sich nehmen würden.

Stockfisch ist eines davon.

Diese Spezialität ist mit einem pH-Wert von fast 12 das Lebensmittel mit dem höchsten Basengehalt der Welt und besteht aus getrocknetem Fisch, der in einer Lauge (eine Mischung aus Soda und gelöschtem Kalk) eingelegt wird. Die chemisch präparierten Fischblöcke müssen anschließend mehrere Tage gewässert werden, um wieder für Menschen genießbar zu sein.

Das Ergebnis wird gekocht, wodurch ein glibbriges, geleeartiges Gericht entsteht, das mit weißer Mehlsauce und Salzkartoffeln gegessen wird.

Es ist unbeschreiblich ekelhaft.

Kalbssülze ist auch so eine Mahlzeit, die nur wegen Weihnachten überlebt hat. Sie besteht aus einem Gemisch von Fleischresten, die so lange in Bouillon gekocht werden, bis sie zerfallen. Dann wird das Ganze zum Gelieren in eine Form gegossen.

Mmmmm.

Weihnachtsschinken ist ein weiteres Muss auf dem Weihnachtstisch.

Die Schweden essen viel Schinken, aber zu Weihnachten muss er unbedingt in dicken Scheiben gegessen werden und trocken sein – er wird gekocht, mit Semmelbröseln und Senf paniert und anschließend gegrillt.

Heringssalat, Rotkohl, Aal und Prinzenwürstchen essen wir auch nur zu Weihnachten – nicht weil es schmeckt, sondern weil es sich so gehört.

Der Weihnachtsmann, Weihnachtsgeschenke, die Frühmette, der Weihnachtsbaum, die Weihnachtsleuchter und der Weihnachtsschnaps sind ebenfalls beliebte Traditionen in schwedischen Haushalten.

Allerdings ist keiner der genannten Bräuche uralt oder einzigartig (abgesehen vom Weihnachtsschnaps).

Nicht einmal Weihnachten selbst erfüllt diesen Anspruch, wenn man es mit Christi Geburt in Verbindung bringt.

Dass wir am 25. Dezember Weihnachten feiern, geht auf das Jahr 274 zurück, als der Soldatenkaiser Aurelianus zu Ehren des römischen Sonnengottes einen Feiertag ausrief. Das christliche Rom wollte dieses große Fest mitfeiern, weshalb sie schnell Jesu Geburtstag auf denselben Tag legten (es gibt keine Fakten, die belegen würden, dass Jesus Christus im Winter geboren wurde).

Der Weihnachtsmann hat eigentlich auch nichts mit Weihnachten zu tun. Die Figur des Weihnachtsmanns geht auf Sankt Nikolaus zurück, der um 280 n. Chr. in Patara, in der heutigen Türkei, geboren wurde. Irgendwann wurde er Erzbischof, später sogar heiliggesprochen und war bekannt für seine Milde.

Eine Legende besagt, dass er drei Nächte hintereinander Jungfrauen Goldklumpen schenkte, damit sie ihren Körper nicht verkaufen mussten.

Angeblich ist diese Geschichte der Ursprung der heutigen Weihnachtsgeschenke – und es ist ja wahrlich nicht schlecht, wenn sie anfangs zur Vorbeugung und Verhinderung von Prostitution dienten.

Den Weihnachtsbaum haben wir aus Deutschland importiert. Er hielt um 1740 in Schweden Einzug, anfangs allerdings nur auf Gutshöfen und in Herrenhäusern. Erst im zwanzigsten Jahrhundert war er auch in schwedischen Bauernhäusern zu finden.

Den Weihnachtsschnaps hingegen gibt es schon, so lange es Schweden gibt, und zwar immer am Weihnachtsabend.

Das schwedische Wort »jul« kommt von »julblot« oder »midtvinterblot«, einem heidnischen Opferfest, das am kürzesten Tag des Jahres stattfand. Es bedeutete buchstäblich, dass man »jul« trank, also Alkohol, und feierte, dass die Dunkelheit ihren Zenit überschritten hatte und bald das Licht zurückkommen würde.

In den vergangenen dreißig Jahren habe ich versucht, meinen Freunden all das zu erklären.

Ich habe versucht, Weihnachten zu entmystifizieren, es in einen Zusammenhang zu stellen, versucht, unsere Traditionen in einen realistischen Kontext einzubetten, versucht, alle Missverständnisse zu erklären – und bin grandios gescheitert.

In Schweden kümmern wir uns nicht um solche Nebensächlichkeiten wie Wahrheit oder Bedeutung. Jedenfalls nicht, wenn es um Weihnachten geht.

Ich musste also mit der Zeit einsehen, dass mein Kampf keine Früchte tragen würde, und schloss Frieden.

Heute darf Weihnachten zu mir hereinkommen, aber ich entscheide, wo es sitzen darf. Und es ist bei uns zu Hause auch nicht die Hauptperson, sondern muss sich nach uns richten.

Ich lass es nicht bestimmen, was ich mit wem zu unternehmen habe, was ich essen oder einkaufen soll.

Ich bestimme, was ich kann, will und wozu ich Lust habe – nicht irgendein Muss unbestimmter Herkunft.

Die Weihnachtstage sind unsere gemeinsame Zeit geworden.

An Weihnachten schwimmen wir mit Schildkröten in der Südsee, besuchen Nelson Mandelas Zelle auf Robben Island, schlendern durch die Straßen von Angkor Wat. Zu Weihnachten können wir gemeinsam verreisen, fremde Länder, neue Welten und – vielleicht – einander wieder neu entdecken.

Und das ist mehr als genug, finde ich.

Frohe Weihnachten!

Aus dem Schwedischen von
Anne Bubenzer und Dagmar Lendt

LIZA MARKLUND

Jahreswechsel

Es ist der Abend vor Silvester.

Die Journalistin Annika Bengtzon ist allein in ihrer provisorischen Unterkunft, einem ehemaligen Büro in der historischen Altstadt Stockholms. Ihr Mann hat sie vor einiger Zeit verlassen. Die gemeinsamen Kinder sind beim Vater und seiner neuen Frau.

Zum ersten Mal verbringt Annika die Feiertage ohne ihre Familie.

Sie starrte aus dem Fenster und spürte eine pochende Leere. Sie dröhnte in ihrem Inneren wie eine dumpfe Trommel, ein monotoner Basslauf der Einsamkeit.

Draußen platschte der Regen aufs Kopfsteinpflaster und rann in unentschlossenen Bächen über die alten, geäderten Fensterscheiben, die sie von der Kälte und der zunehmenden Dunkelheit trennten.

So war der schwedische Winter heutzutage, grau und um die null Grad. Nicht einmal richtig frostig kalt, einfach völlig farblos.

Genau wie sie.

In der Wohnung gegenüber konnte sie sehen, wie eine alte

Dame und ein kleines Mädchen, wahrscheinlich ihre Enkelin, eine Torte mit Sahne dekorierten. Im Fenster flackerten Kerzen.

Ob es stimmte, dass in der psychiatrischen Ambulanz rund um die Weihnachtsfeiertage immer am meisten los war?

Sie verbrachte den Jahreswechsel nicht zum ersten Mal allein, das war nicht das Problem.

Nach dem Tod ihres ersten Lebensgefährten war sie zwei Silvester hintereinander allein zu Hause geblieben. Weihnachten hatte sie damals mit ihrer Großmutter in der Hütte am Hosjön verbracht, mit Tannenbaum und Schinken und Weihnachtsgeschenken und knirschendem Schnee unter den Schuhen auf dem ausgetretenen Pfad hinüber zum Außenklo. Kurz vor Silvester war sie zurück in die Stadt gefahren, hatte entschuldigend etwas von einer Party und Freunden gemurmelt.

Sie wollte nicht, dass sich ihre Großmutter Sorgen machte.

Aber das war vor den Kindern gewesen und vor Thomas.

Mit ihm waren Kalle und Ellen gekommen und die Liebe (sie nahm an, dass es Liebe war, diese ziehende Sehnsucht, die sie spürte, wenn sie sah, wie er sich bewegte, der Wunsch, sein Haar zu streicheln, die Freude, die in ihr aufstieg, wenn er lächelte, die lähmende Wut über sein Schweigen).

Und jetzt gehörte er einer anderen.

Sie hieß Sophia.

Annika schauderte.

Es war kalt hier drinnen.

Durch einen glücklichen Zufall hatte sie dieses wahnsinnig teure Büro kurzfristig anmieten können. Drei nebeneinanderliegende Zimmer zur Straße und eine Kochnische zum Hof. Aber es fühlte sich nicht wie ein Zuhause an.

Und bald würde sie wieder umziehen.

Sie sah sich in dem heruntergekommenen Raum um. Er diente als Schlaf-, Wohn- und Esszimmer, alles in einem. Es war ihr nicht gelungen, richtige Weihnachtsstimmung zu verbreiten. Eine Plastiktanne mit blinkenden Lichtern lehnte sich gegen den nicht beheizbaren Kachelofen. In einem der Fenster hatte Ellen elektrische Kerzen aufgestellt. Von der Deckenlampe hing dunkelrotes Lametta.

Sie war eine vernünftige und verlässliche Mutter, aber das entsprach nicht ihrer Natur.

Morgens stand sie wegen der Kinder auf. Sie waren der Grund, Frühstück zu machen, Lieder zu singen und ein heiler Mensch zu bleiben. Wenn sie nicht da waren, war diese Scharade, genannt Leben, sinnlos.

Der Regen schlug gegen die Scheiben.

Es wurde dunkler.

Die Leere der großen Trommel dröhnte.

Sie sank auf die Matratze, die ihr als Bett diente, und ließ sich mit voller Wucht vom Selbstmitleid überwältigen.

Wozu brauchten die Kinder sie überhaupt? Sie hatten es bei ihm viel besser: ein richtiges Zuhause mit Kunst an den Wänden und Kabelfernsehen auf dem Flachbildschirm, Essen zu festen Zeiten und zwei verantwortungsbewussten erwachsenen Menschen.

Sie kauerte sich auf dem Bettüberwurf zusammen wie ein Embryo und biss sich fest auf die Lippen, um nicht loszuheulen, überflüssig und vergessen, verlassen und bedeutungslos.

Dann, wie in einem Blitzlicht, sah sie sich selbst in ihrer ganzen Lächerlichkeit.

Sie setzte sich schnell auf, ihr Gesicht war heiß vor Scham über ihre eigene Dummheit. Sie schluckte und blinzelte ein paar Mal. Sie hatte nicht vor, ihr eigenes Elend zu beweinen.

Aber was sollte sie stattdessen tun?

Rastlos ging sie durch die spartanisch eingerichteten Räume.

Sie konnte nicht bei der Zeitung anrufen und fragen, ob sie eine Schicht übernehmen könne. Irgendwo gab es schließlich noch Grenzen. Als die Kinder sich ihre Zimmer aussuchen durften, hatte Ellen das auf der rechten Seite gewählt, das mit den rosafarbenen Wänden, und Kalle das linke, mit der dunkelblauen Barocktapete.

Auf der Schwelle zu Kalles dunkler Grotte blieb sie stehen, und der Wunsch, irgendwo dazuzugehören, wurde so stark, dass es im Hals schmerzte.

Sie würden ja bald umziehen. Eigentlich sollte sie packen und ein Auto mieten, um die Kartons hinüberzufahren.

Der eintönige Klingelton ihres Handys ließ sie zusammenzucken. »Bengtzon? Hier ist Spiken. Bist du betrunken?«

Nein, sie war nicht betrunken. Sie war fast nie betrunken. Für sie schmeckte Alkohol wie Petroleum.

»Patrik ist krank. Angeblich Schweinegrippe. Pure Faulheit, wenn du mich fragst. Kannst du die Abendschicht übernehmen?«

Sie schloss die Augen, es war ihr peinlich, wie erleichtert sie war.

Der Regen war in Schneematsch übergegangen. Klumpige Flocken fielen schwer und nass zu Boden, legten sich auf Leuchtreklamen und Fahrräder. Die Dunkelheit umschloss

Häuser und Straßenlaternen, die Geräusche wurden vom Schnee gedämpft.

Sie zog sich die Mütze über die Ohren und schlitterte am Riddarhuset und am Gericht vorbei in Richtung Tegelbacken und Hauptbahnhof.

Die Reifen der Busse rauschten durch den Matsch, und vom Klara Kyrkogård drang Gelächter und Gejohle von Betrunkenen herüber.

Das Jahr hatte noch dreißig Stunden.

Es würde eine lange Nacht werden.

Die Redaktion schwebte im blauweißen Schein der neumodischen Energiesparlampen. Die Bildschirme, die in jeder Abteilung von der Decke hingen, zeigten ununterbrochen und stumm die Nachrichten aus der Web-Redaktion in Echtzeit. Sie trat in das grelle Licht und spürte, wie der letzte Rest Farbe aus ihrem Gesicht verschwand.

»Lass deinen Mantel am besten gleich an«, sagte Spiken, ohne von seinem Computer aufzusehen. »Du musst nach Östermalm, da hat es Krach in einer Wohnung gegeben. Der Herr des Hauses hat seine Frau heute Morgen als Punchingball benutzt. Sieh mal zu, ob du einen Fotografen findest.«

Sie hielt kurz inne und blinzelte zwei Mal.

»Seit wann interessiert man sich bei dieser Zeitung für häusliche Gewalt?«

Spiken schaute über den Rand seiner Brille.

»Der Anruf bei der Polizei kam von Abba-Benny.«

Aha. Benny Andersson, richtig, er wohnte mit seiner Familie im Nobelviertel Östermalm.

Annika ging hinüber zum Fotodesk.

»Ist gerade ein bisschen eng«, sagte Bilder-Pelle. »Was hast du denn für einen Auftrag?«

»›Abba-Benny rettet Nachbarin das Leben – alles über seinen heldenhaften Einsatz‹.«

»Bertil!«, schrie der Bildredakteur über die Schulter. »Abba-Björn ist der Held des Tages. Los! Aber sofort!«

»Benny«, sagte Annika. »Abba-Benny.«

Das Haus lag in der Tulegatan, eine Straße, die man nur im Notfall zu Östermalm zählen konnte.

»Ich glaube nicht, dass wir hier richtig sind«, sagte Annika und blickte die Fassade hinauf. Das Haus schien neu zu sein, obwohl es in einem antiquierten Stil gebaut war. Überall leuchteten in den Sprossenfenstern exklusive Weihnachtssterne und elektrische Kerzen (kein bunter Kitsch wie bei ihr, hier wohnte die stilbewusste Mittelschicht).

»Ich weiß, dass du nicht viel von Männern hältst, aber lesen kann ich gerade noch. Das ist die richtige Adresse«, sagte Bertil Strand und parkte den Saab auf einem Behindertenparkplatz.

Annika sah ihn mit vollkommen gleichgültiger Miene an.

»Wohnt Benny Andersson nicht im Strandvägen?«, sagte sie und stieg aus dem Wagen.

Der Schneefall war dichter geworden, die Flocken waren kleiner und fester. Sie wuselten vor den Schweinwerfern des Autos herum wie hektische Hausfrauen.

Sie klingelte bei »Andersson« im dritten Stock.

Keine Antwort.

Dann versuchte sie es bei Salander im zweiten, Beck im vierten und schließlich bei Wallander im Erdgeschoss.

Das verkrachte Paar, Herr und Frau Blomqvist, wohnte ganz oben.

Annika und der Fotograf stiegen in den Lift.

»Abba-Björn wohnt doch wohl im dritten«, sagte Bertil Strand, als Annika auf die sechs drückte.

»Benny«, sagte Annika. »Ich dachte, wir fangen mit dem Opfer an.«

Der Verband bedeckte die Hälfte ihres Kopfes, die eine Augenbraue war mit mindestens zehn Stichen genäht worden, und Annika sah die blauschwarzen Abdrücke kräftiger Finger an ihrem Hals. Sie war um die vierzig, vielleicht ein wenig älter. Das blonde Haar war trotz des Verbandes gut frisiert.

Sie saßen im Wohnzimmer, mit Carl-Malmsten-Stühlen und Bruno-Mathssons-Sesseln. Die Frau zupfte gedankenverloren an ihrem dunkelblauen Kleid.

»Er macht das nicht jeden Tag«, sagte sie. »Ich bin keine misshandelte Frau. Wenn ich einfach mache, was er sagt, vergehen manchmal mehrere Monate. Aber wenn er Stress bei der Arbeit hat, passiert es schon mal häufiger. Er verliert die Geduld. Ich versuche, es ihm leicht zu machen, aber es gelingt mir nicht immer.«

Annika betrachtete die sorgfältig manikürten Hände der Frau, sie hatte blaue Streifen an den Handgelenken.

»Warum verlassen Sie ihn nicht?«, fragte Annika.

Frau Blomqvist sah sie mit großen Augen an.

»Das ist doch alles, was ich habe. Ich lebe mit ihm, ich liebe ihn.«

»Und das ist die Liebe wert?«

Die Frau ließ den Blick durchs Zimmer schweifen, über den Weihnachtsbaum und die Teppiche und die Gardinen von Svenskt Tenn.

»Mein Leben hätte keinen Sinn mehr. Wofür sollte ich leben?«

Bertil Strand räusperte sich.

»Und wo ist Abba-Björn eigentlich? Ist er nach Hause gegangen?«

Frau Blomqvist sah ihn verwirrt an.

»Benny Andersson«, sagte Annika. »Ihr Nachbar, der, der die Polizei gerufen hat. Das ist nicht der von Abba, stimmt's?«

Der Blick der Frau erhellte sich, sie verstand.

»Ach so, Benny. Der ist heute Nachmittag mit seiner Frau nach Thailand gefahren. Sie kommt von dort. Angeblich hatten die beiden sich bei einem Gottesdienst in der Pfingstgemeinde in Spånga kennengelernt, aber alle glauben, dass er sie in einem Bordell in Phuket gekauft hat. Ist das nicht entsetzlich?«

Auf dem Weg zurück zum Auto sagten sie nichts.

Gar nichts.

»Lass deinen Mantel am besten gleich an«, sagte Spiken. »Ein Typ aus Södertälje, achtzehn Jahre alt, hängt an der Herz-Lungen-Maschine im Karolinska. Schweinegrippe, vor vier Tagen noch putzmunter, gehört keiner Risikogruppe an. Sieht richtig schlecht aus. Sein Vater ist bereit, mit uns zu sprechen. Du musst gleich wieder los.«

»Kann ich selbst Bilder machen?«, fragte sie. »Ich glaube, Bertil verkraftet nicht noch mehr Verlierer.«

Spiken sah sie zwei Sekunden lang an, dann konzentrierte er sich wieder auf seinen Computer. Die Frage war es nicht wert, beantwortet zu werden.

Kurz darauf saß sie wieder in Bertils gepflegtem Saab.

Die Temperatur war über null Grad geklettert. Der Schnee mischte sich mit Regen und gefror auf dem eisigen Asphalt sofort.

Die Scheibenwischer verwandelten sich in zwei dicke Schneeklumpen, die über die Windschutzscheibe rutschten.

Die Autos krochen die Straßen entlang. Menschen schlitterten über die Bürgersteige, und der Grad ihrer Entspannung ließ auf die Anzahl genossener Drinks schließen.

Alle waren irgendwohin unterwegs.

Alle hatten einen Ort, wo sie hingehörten.

Sie trafen sich bei der geschlossenen Cafeteria im Erdgeschoss des Krankenhauses, gleich hinter dem Eingang. Auf allen Tischen standen Paraffinkerzen mit Messingmanschetten.

Der Vater war aschfahl, seine Augen rot, die Stimme brüchig.

Vor sich hatte er eine Tasse Kaffee, die Annika am Automaten gekauft hatte, der neben den Toiletten stand.

»Lukas hatte Probleme«, sagte er. »Mehr kann ich dazu nicht sagen. Nicht, dass er in irgendwas Kriminelles verwickelt gewesen wäre, aber er hatte Schwierigkeiten in der Schule. Seine Mutter meint, er sei verhaltensauffällig. Aber ich halte das für Schwachsinn. Warum dürfen Kinder nicht einfach sein, wie sie sind? Muss man ihnen immer einen Stempel aufdrücken?«

»Was sagen die Ärzte?«, fragte Annika.

Der Vater schüttelte langsam den Kopf.

»Als er klein war, spielte er besser Fußball als alle anderen Jungs im Viertel. Wenn da nicht dieser blöde Trainer gewesen wäre, hätte er vielleicht damit weitergemacht. Warum müssen Fußballspieler still sitzen können? Sie sollen doch wohl laufen, oder nicht?«

Annika schaute auf ihren Block.

Sie wusste, worum es ging.

Wer an der Herz-Lungen-Maschine hing, konnte nicht mehr mit dem Beatmungsgerät am Leben gehalten werden.

»Sie haben ihn in ein künstliches Koma versetzt«, sagte der Vater. »Das Blut läuft aus seinem Hals in einen dicken langen Schlauch. In einer Maschine versetzen Sie es mit Sauerstoff, viereinhalb Liter pro Minute, und dann kommt es in der Leiste zurück in seinen Körper.«

Annika nickte. Es war wie eine Art Lungendialyse. Das Ende des Weges in der Intensivmedizin.

»Wie fühlen Sie sich jetzt?«, fragte Bertil Strand und blitzte dem Vater ins Gesicht.

»Man fragt sich ja, wer solche Maschinen erfindet. Wer konnte denn ahnen, dass Lukas so etwas brauchen würde?«

Drei von vier Patienten an der Herz-Lungen-Maschine überleben.

Einer von vieren stirbt.

»Können wir ein Foto von Ihnen und Lukas machen?«, fragte Annika.

Die erwarteten Straßenschlägereien von Betrunkenen blieben aus.

Vielleicht hatte der Regen der Feierlaune einen Dämpfer verpasst.

Bei einem Auffahrunfall auf dem Autobahnzubringer Essingeleden gab es ein paar Blechschäden, verletzt wurde aber niemand.

Ansonsten geschah nichts Dramatisches.

Sie schrieb einen kurzen Text über Lukas und seinen Vater, mit einem Infokasten zum Thema Schweinegrippe und einem Kommentar des diensthabenden Arztes. (Man hatte ihnen nicht erlaubt, in Lukas' Zimmer zu fotografieren, der Arzt hatte es verboten, also wurde die Geschichte nur eine Kurzmeldung auf Seite siebzehn.)

Mitternacht kam und ging.

Weniger als vierundzwanzig Stunden waren vom alten Jahr noch übrig.

Sie dachte an ihre Kinder. Sie hatte an diesem Abend nicht mit ihnen gesprochen.

Der Akku von Kalles Handy war wie üblich leer (sie schaffte es ja selbst kaum, daran zu denken ihr Mobiltelefon zu laden, wie konnte sie es da von einem Achtjährigen verlangen?) und sie wollte nicht bei Sophia zu Hause anrufen.

Den Kindern ging es gut (sie wusste, dass es ihnen gutging, sie war ganz sicher, dass es ihnen gutging), und sie waren gegen Schweinegrippe geimpft.

Um halb zwei aß sie ein Brot mit Leberwurst.

Die Müdigkeit schlich sich an, dieser lähmende und willkommene Zustand, der Angst und das Gefühl von Bedeutungslosigkeit auslöschte und ein neues Ziel mit sich brachte: Schlaf.

Schließlich saßen sie einfach nur noch da und warteten auf den Andruck.

»Bengtzon, kannst du das übernehmen?«, rief Spiken und wedelte mit dem Telefonhörer.

Sicher war es eine Frau, die irgendein Problem hatte, solche Leute wurden immer zu ihr durchgestellt.

»Klar«, sagte sie.

Zunächst hörte sie nur ein schwaches Rauschen in der Leitung.

»Hallo?«, sagte Annika.

Dann jemanden, der in großen Schlucken trank.

»Hallo …?«

Ein dumpfer Schlag, etwas war zu Boden gefallen.

Sie wollte gerade auflegen.

»Jetzt habe ich alle genommen«, sagte eine Frau.

Annika hielt inne, den Hörer zehn Zentimeter vom Ohr entfernt.

»Wie bitte?«

»Imovane. Es waren fast noch neunzig Tabletten drin.«

Sie nuschelte ein wenig.

Annika atmete mit offenem Mund.

Sie kannte dieses Mittel. Imovane.

Ihre Mutter nahm es gegen Schlaflosigkeit.

»Und Sie haben alle geschluckt? Alle neunzig Tabletten?«

Die Frau hustete.

»Es ist meine eigene Entscheidung«, sagte sie. »Ich will, dass Sie das wissen. Es ist nicht Kajsas Schuld.«

Annika sah auf das Display ihres Telefons. Die Frau rief von einem Festnetzanschluss an, eine Nummer aus einem

Vorort Stockholms. Schnell öffnete sie die Internetseite www. hitta.se und gab die Nummer im Suchfeld ein.

Sonja Hansson, Vikingavägen 43B in Tullinge.

»Sonja«, sagte Annika laut und deutlich. »Neunzig Imovane-Tabletten sind eindeutig zu viel. Haben Sie einen Krankenwagen gerufen?«

Die Frau atmete geräuschvoll in den Hörer.

»Haben Sie Alkohol dazu getrunken?«, fragte Annika.

»Champagner«, sagte die Frau. »Es ist doch Silvester.«

Sie lachte verwirrt.

Annika kramte ihr Handy heraus und wählte die Notrufnummer.

»Sonja«, sagte sie, während das Rufzeichen erklang. »Ich rufe jetzt einen Krankenwagen. Sie sind im Vikingavägen in Tullinge, richtig?«

Die Frau hustete wieder.

»Was soll sie mit mir auch anfangen? Bei Lennart geht es ihr viel besser. Und sie hat doch auch ihre kleinen Geschwister so gern.«

In der Notrufzentrale antwortete ein Mann.

»Eine Frau, ich vermute, sie heißt Sonja Hansson und wohnt im Vikingavägen 43B in Tullinge, hat eine Überdosis Imovane genommen, rund neunzig Tabletten, wahrscheinlich kombiniert mit Alkohol.«

»Ist sie bei Bewusstsein?«, fragte der Mann an der Notrufzentrale.

»Im Moment noch, ja«, antwortete Annika.

»Ein Rettungswagen ist unterwegs«, sagte der Mann. »Haben Sie Kontakt mit der Frau?«

»Telefonisch«, sagte Annika.

»Sprechen Sie mit ihr, bis der Notarzt vor Ort ist«, sagte er und legte auf.

»Sonja«, sagte Annika in den Hörer. »Wer ist Kajsa?«

Die Frau schniefte ein bisschen.

»Im Mai wird sie vierzehn. Lennart und Lena haben ein Haus gekauft, sie wollen, dass Kajsa ganz zu ihnen zieht.«

Annika sah auf die Uhr. Wie lange würde der Krankenwagen brauchen?

»Und was will Kajsa selbst?«, fragte sie.

»Sie braucht mich nicht mehr«, nuschelte die Frau.

»Das ist der größte Unsinn, den ich je gehört habe«, sagte Annika laut. »Sonja. Hören Sie mir zu! Sie sind der wichtigste Mensch in Kajsas Leben, aber nicht nur deshalb müssen Sie weitermachen. Es geht um Sie selbst. Was Sie jetzt fühlen, dauert nicht ewig. Die Dinge ändern sich, es wird Ihnen bessergehen und Sie werden wieder fröhlich sein.«

Sie hörte eine Türklingel am anderen Ende.

»Gehen Sie, machen Sie die Tür auf!«, sagte Annika.

»Bin so müde«, flüsterte die Frau, dann fiel der Hörer zu Boden.

Annika blieb am Telefon und hörte, wie in der Wohnung im Vikingavägen 43B in Tullinge die Tür aufgebrochen wurde; Stimmen, die einander etwas zuriefen, Fußgetrappel, und dann wurde es schließlich still.

Sie legte auf.

»Was zum Henker war das denn?«, wollte Spiken wissen.

»Nichts«, sagte Annika. »Drucken wir?«

Der Nachrichtenchef nickte kurz.

Sie packte ihren Laptop ein, zwängte sich in ihren Mantel und verließ die Redaktion.

Es hatte aufgehört zu regnen.

Hinter den Wolken schimmerten die Sterne.

Heute würde sie den Schlüssel zu ihrer neuen Wohnung abholen.

Sie musste ihre Sachen packen.

Sie musste ein Auto mieten.

In neunzehn Stunden würde ein neues Jahr beginnen.

(Die Erzählung ist zeitlich zwischen den beiden Büchern »Lebenslänglich« und »Kalter Süden« angesiedelt.)

Aus dem Schwedischen von
Anne Bubenzer und Dagmar Lendt

ARNE DAHL

Die fliegende Mumie

Kriminalkommissarin Sara Svenhagen hatte Abteilungsleiter Waldemar Mörner nicht mehr gesehen, seit man die Spezialeinheit für internationale Gewaltverbrechen bei der Reichskriminalpolizei, auch als A-Gruppe bekannt, abgeschafft hatte, und das war zwei Jahre her. Deshalb war sie ein wenig verwundert, als sie an einem Dezembertag plötzlich in sein Büro ganz oben im Polizeipräsidium auf Kungsholmen in Stockholm gerufen wurde. Aber auch hoffnungsvoll. Vielleicht war es endlich so weit …

Eine Silikonsekretärin, die nicht älter als dreiundzwanzig sein konnte, führte sie in die heiligen Hallen des Potentaten. Mörner sah aus wie immer. Dasselbe zerfurchte Bräunungscremegesicht, dasselbe rasselnde Goldarmband. Dasselbe blonde Toupet. Und derselbe Sprachgebrauch.

»Aber mein liebes Fräulein Kriminalkommissarin!«, rief er aus und erhob sich. »Meine Liebe, du siehst ja hinreißend aus!«

Sara Svenhagen gelang es, sich den Seufzer zu verkneifen, sie lächelte routiniert, nahm gnädig Mörners nachlässigen Handkuss entgegen und ließ sich im angewiesenen Sessel nieder, einen halben Meter unterhalb des Mannes, der mittlerweile stellvertretender Polizeipräsident war. Aus der Höhe eines als Bürostuhl getarnten Barhockers verkündete er: »Soweit ich weiß, ist das Verhör mit dem Videomörder Larsson abgeschlossen? Hat er ein Geständnis abgelegt?«

»Am Ende ja«, nickte Svenhagen. »Es war ihm schwer zu entlocken.«

»Aber du hast es gemeistert, mein Herz!«, jubelte Mörner. »Aus dir wird noch eine der besten Vernehmungsbeamtinnen unserer allseits beliebten Polizei.«

»Wenn auch noch immer ohne eigene Gruppe. Ich hoffe, du hast mich aus diesem Grund hierher beordert?«

»Das kann man wohl sagen«, strahlte Mörner. »Du bekommst eine eigene Gruppe.«

»Ich vermute, wir sprechen über die neue internationale Gruppe, die der Polizeipräsident vor einem Jahr in Aussicht gestellt hat?«

Waldemar Mörners Miene verdüsterte sich. Er knitterte sein Gesicht zu einer Grimasse zusammen, die vermutlich Bedauern ausdrücken sollte, und sagte: »Wenn du wüsstest, was für verzwickte Verhandlungen mit Europol und der EU dafür erforderlich sind ...«

Diesmal erlaubte sich Sara, dem Seufzer freien Lauf zu lassen. »Worüber sprechen wir denn dann? Eine eigene Gruppe oder nicht?«

Mörner sammelte sich wie vor einer Festrede und proklamierte schließlich: »Ist dir die neue Kampagne der Reichspolizei für mehr Bürgernähe in der Provinz ein Begriff? Die Protestwellen in den Dörfern sind hochgeschlagen, weil große Teile des Landes ohne Polizei dastehen. Jetzt versuchen wir, an ausgewählten Orten den Trend zur Bürgerwehr einzudämmen, indem wir dort wieder Polizeibehörden einrichten.«

Sara Svenhagen versuchte verzweifelt, den Wortschwall des Vorgesetzten für sich zu übersetzen.

»Und jetzt willst du, dass ich ...«

»Genau!«, brüllte Mörner erleichtert. »Ganz genau.«

Während Sara ihr Bestes tat, um nicht verwirrt zu wirken, fuhr Mörner fort: »Einige der Versuchsgebiete sind so klein, dass die Station lediglich aus einem einzigen Polizisten besteht. In diesem Fall dir. Du bist deine eigene Gruppe, Sara Svenkragen.«

»Svenhagen«, sagte Sara Svenhagen.

Vier Stunden später saß sie im Zug Richtung Norden und fühlte sich von allen im Stich gelassen. Von der gesamten Polizei, von ehemaligen Kollegen wie Paul Hjelm und Kerstin Holm, obwohl die rein gar nichts mit der Sache zu tun hatten, von ihrem politisch allzu korrekten Ehemann Jorge Chavez, weil der die dezemberlange Abwesenheit seiner Frau ohne Umschweife akzeptiert hatte, als habe ihn dieser Alien, der jetzt stellvertretender Polizeipräsident war, bereits im Voraus darüber informiert, von ihren Kindern Isabel und Miguel, weil sie zum Abschied kein großes Geheul angestimmt, sondern einfach weitergespielt hatten.

Nachdem sie auf ihrer Zugreise zweimal umgestiegen war, gelangte sie schließlich per Bus nach Hedånger im Inneren von Norrland. Der Schnee lag hoch und die Dunkelheit war bereits angebrochen. Niemand holte sie von der einsamen Bushaltestelle ab. Sie schleppte ihr schweres Gepäck durch einen aufkommenden Schneesturm und hatte kaum damit begonnen, ihr Schicksal zu verfluchen, als sie auch schon ein barackenähnliches Gebäude in einem winzigen Ortskern erreichte. Ein nagelneues beleuchtetes Polizeischild wies ihr den Weg zu einer Tür. Nach einer Weile gelang es ihr, den Schlüssel umzudrehen. Am Anfang eines langen Korridors las sie ihren Namen an einer Tür, die sie schließlich ebenfalls öffnen konnte. Sie mied die Deckenbeleuchtung und schaltete die Schreibtischlampe ein. Ihr Schein fiel auf einen glänzenden Laptop und einen vollkommen leeren Schreibtisch und breitete sich dann schwächer bis zu einem offensichtlich neuen IKEA-Sofa aus. Sie legte sich darauf und schlief auf der Stelle ein.

Am darauffolgenden Tag wurde sie von einem vorsichtigen Klopfen an der Tür geweckt. Sie brauchte viel zu lange, um sich daran zu erinnern, wo sie sich eigentlich befand – so lange, dass es schon beinahe unheimlich war. Am Ende gab die Person hinter der Tür das Klopfen auf und kam herein: eine zurückhaltende Dame Mitte fünfzig, die sich kurz räusperte. Svenhagen richtete sich kerzengerade auf dem Sofa auf, sie spürte, dass ihr Rücken unnatürlich stark gestreckt war. In einem Zustand, der sich nicht unbedingt durch völlige Klarheit auszeichnete, sagte sie: »Dann ist es wohl an der Zeit, zur Tat zu schreiten.«

Die Dame runzelte die Stirn, streckte schließlich ihre Hand aus und sagte: »Lisa Ohlsson, Verwaltungsmitarbeiterin der Polizeistation.«

Sara starrte die Hand an. Ihr Blick blieb an den etwas zu langen Haaren auf dem kleinen Finger hängen und verharrte dort. Lisa Ohlsson zog ihre Hand zurück und fragte: »Soll ich vielleicht lieber etwas später noch mal wiederkommen …?«

Sara nahm sich zusammen und sagte: »Nein, bitte entschuldigen Sie. Jetzt bin ich wach. Kriminalkommissarin Sara Svenhagen aus Stockholm.«

Sie begrüßten einander. Die Absurdität der Situation legte sich. Lisa Ohlsson platzierte einen Stapel typischer brauner Akten auf dem Schreibtisch und sagte: »Die lokalen Fälle des letzten Jahres, die uns aus der Großstadt übersandt wurden.«

Sara warf einen Blick auf den Stapel, fuhr sich mit der Hand durch ihr kurzes Haar und nickte. Sie ließ sich hinter dem Schreibtisch nieder und öffnete die erste Mappe. Die Buchstaben vor ihr ergaben keinen Sinn.

»Vielleicht möchten Sie sich erst ein wenig frisch machen«, sagte Lisa Ohlsson verständnisvoll. »Sie haben ein eigenes Appartement ein Stück weiter den Flur hinunter. Und im Café unten im Zentrum gibt es Frühstück.«

Sara sah zu ihr auf. Plötzlich vermisste sie ihre Kinder. »Ein wenig Kaffee genügt mir, falls Sie sowieso welchen gekocht haben.«

Lisa nickte und verschwand. Sara betrachtete die Akte vor sich eingehender. Jetzt begriff sie, warum die Buchstaben keinen Sinn ergaben. Die Mappe lag auf dem Kopf. Gerade, als sie sie umdrehen wollte, kehrte Lisa Ohlsson mit zwei dampfenden Tassen zurück. Sie setzte sich auf den Stuhl auf der anderen Seite des Schreibtischs, schob eine der Kaffeetassen hinüber und sagte: »Ich habe auch heute angefangen, wir sind also beide neu.«

Endlich gelang es Sara, sie näher anzuschauen. Sie sah aus, wie Frauen mittleren Alters vom Dorf für gewöhnlich aussehen. Erfrischend unkokett, dachte Sara und war von ihrem eigenen Gedanken überrascht.

»Obwohl ich lange als Sekretärin für den Polizeichef in der Großstadt gearbeitet habe«, ergänzte Lisa und schlürfte geräuschvoll ihren Kaffee.

»Dann haben wir auf jeden Fall Routine, was die Polizeiarbeit angeht«, sagte Sara und probierte vorsichtig ihren Kaffee. Filterkaffee. Und zwar überraschend guter.

»Und deshalb würde ich vorschlagen, dass Sie sich erst einen anderen Fall ansehen sollten, Frau Kommissarin. Die Kollegen aus der Großstadt haben gerade deswegen angerufen, sie werden uns gleich alle Materialien mailen. Offenbar ist es gestern Nachmittag passiert.«

Sara hatte noch immer Schwierigkeiten damit, ihre Gedanken zu ordnen. Alles schien ein wenig schief zu hängen. Wer war sie? Was machte sie hier? Doch das sagte sie nicht laut. Sie sagte: »Also ein lokaler Fall, der in der Großstadt gemeldet wurde?«

»Weil diese Polizeistation erst vor zwanzig Minuten eröffnet wurde, ja.«

»Aber das Verbrechen fand gestern Nachmittag hier in Hedånger statt?«

»Ich weiß nicht, ob es überhaupt ein Verbrechen ist«, sagte Lisa Ohlsson. »Es geht um ein Kind, das sich verletzt hat, Frau Kommissarin.«

»Wollen wir uns nicht duzen? Nenn mich doch bitte einfach Sara«, sagte Sara. »Und das betreffende Kind ist also hier?«

»Im Krankenhaus«, nickte Lisa.

»Erzähl mir alles, was du weißt, Lisa. Kommst du eigentlich aus dieser Stadt?«

»Ja«, antwortete Lisa. »Obwohl wir meistens von einem

Dorf sprechen. Es ist wohl auch ein Dorf. Das plötzlich eine eigene Polizeistation bekommen hat.«

»Und einen Polizei-Profi aus Stockholm«, sagte Sara und lachte.

Lisa lachte nicht. Sie sagte: »Die zehnjährige Linnea Arvteg ist gestern auf Skiern gegen eine Latte gefahren. Sie hat sich das Nasenbein gebrochen und sich am Jochbein verletzt.«

»Gegen eine Latte?«, entfuhr es Sara, deren Gedanken immer mehr abschweiften.

»Von einem Eishockeytor«, sagte Lisa ernst.

Sara Svenhagen dachte an den Videomörder Larsson, den sie gerade im Verhörzimmer bezwungen hatte. Na gut, vielleicht nicht das brillanteste kriminelle Gehirn der Welt, aber doch eine handfeste Herausforderung. Dann dachte sie an die A-Gruppe und an eine ganze Serie komplexer Kriminalfälle. Und danach an Talfahrten. Talfahrten auf der Karriereleiter. Was zum Teufel machte sie hier? Sie war immerhin eine der besten Vernehmungsbeamtinnen des Landes.

»Lisa«, sagte sie und seufzte. »Du hast beim Bezirkspolizeichef gearbeitet. Du weißt doch ungefähr, wie die Dinge laufen. Ein zehnjähriges Mädchen, das auf Skiern gegen ein Eishockeytor gefahren ist?«

»Es gibt da gewisse Umstände«, sagte Lisa Ohlsson, *ohne* den Mund zu verziehen.

Das hätte sie Saras Meinung nach eigentlich tun müssen, nachdem die völlig ortsfremde und ziemlich arrogante Stockholmer Schnüfflerin sie brüskiert hatte.

»Schieß los«, sagte Sara nur.

»Jemand hat ein Eishockeytor vom Schulhof mitten in Linneas Loipe gestellt.« Sara Svenhagen lächelte. In Ordnung, mit Lisa Ohlsson konnte man zusammenarbeiten.

»Also auf ins Krankenhaus!«, sagte sie und stand auf. »Habe ich einen Dienstwagen?«

»Klar«, sagte Lisa, hielt einen Autoschlüssel hoch und legte ihr einen Ausdruck aus dem Internet mit der Wegbeschreibung auf den Schreibtisch.

Sara nickte, nahm Zettel und Schlüssel und ging nach draußen. Sie erkannte den Wagen sofort. Es war merkwürdig, dass man ein ziviles Polizeiauto immer sofort erkannte. Sie drückte auf den Schlüssel, und tatsächlich, das Auto blinkte und piepste. Dann sah sie das Ica-Schild auf der anderen Seite des Platzes und überlegte es sich anders. Frühstück, Mittag- und Abendessen kaufen – die Dinge des täglichen Bedarfs waren jetzt für ein paar Minuten wichtiger als ein nicht besonders dringender Fall. Auf dem Weg in den Supermarkt blieb sie vor dem Schwarzen Brett stehen, das immer eine gute Möglichkeit bot, sich mit einem Ort vertraut zu machen. Dort hingen die üblichen Anzeigen über Katzenjungen, die zu verschenken waren, und ausgediente Traktoren, die zum Verkauf standen, Plakate, die ankündigten, dass Mark-Albins im Bürgerhaus auftrat und das Bridgeturnier der Rentnervereinigung auf Donnerstag verlegt worden war. Es gab Wohnungsangebote im Überfluss, einige Aushänge, die verkündeten, dass das Lokalfernsehen ins Bürgerhaus kommen würde und, am bemerkenswertesten, dass in Hedånger ein Kasino eröffnen würde. Ein Kasino?, dachte sie, während sie einen Liter fettarme Milch und eine Tüte mit tiefgefrorenen Fleischklopsen einpackte. Hier?

Dann fuhr sie ins Krankenhaus. Die zehnjährige Linnea

Arvteg hatte sich im Bett aufgerichtet, ihr gesamter Kopf war bandagiert. Neben dem Bett saß eine Frau Mitte dreißig und fingerte an einer Zigarette herum. Sara stellte sich vor. Die Frau sagte: »Ich bin Annika Arvteg. Linneas Mutter. Ich verstehe nicht, warum sie so lange hier bleiben muss.«

»Vermutlich ist es am besten, auf den Rat der Ärzte zu hören«, sagte Sara und wandte sich von der Mutter zur Tochter. »Kannst du mir erzählen, was passiert ist, Linnea?«

Unter den Mullbinden war eine Regung zu erkennen, aber es drang kein Laut hervor. Am Ende bahnte sich eine schwache, kleinlaute Stimme ihren Weg durch die Verbände und sagte: »Grnfflndrym.«

»Noch einmal bitte, Linnea.«

»Weiß nicht, bin gegen etwas gefahren, es tat weh«, sagte die eingerostete Stimme. Eingerostet? Redeten sie und ihre Mutter denn gar nicht miteinander?

»War das deine übliche Loipe, Linnea?«, fragte Sara.

»Ich trainiere jeden Tag dort«, sagte Linnea schwach. »Ich werde in der Nationalmannschaft dabei sein.«

Sara setzte eine beeindruckte Miene auf und sagte: »Wow. Und dabei ist dir vorher noch nie ein Eishockeytor oder Ähnliches in die Quere gekommen?«

»War es ein Eishockeytor?«, fragte Linnea. »Wo kam das denn her?«

Nein, dachte Sara. Sie und die Mutter reden tatsächlich nicht miteinander. »Offenbar vom Schulhof«, sagte Sara. »Wie weit ist der denn entfernt?«

»Mehrere hundert Meter«, sagte Linnea. »Wer hat es dort hingestellt?«

»Das werde ich herausfinden, Linnea.«

Eine aufgesetzt barsche Krankenschwester betrat das Zimmer. Ihr Blick schmolz erst, als er bei Linnea angekommen war. Sie lächelte sie milde an und sagte: »Du kannst jetzt nach Hause, Linnea. Vor morgen solltest du aber nicht wieder Ski laufen.«

»Vor morgen?«, platzte es aus der Mutter in Sara heraus. »So bald schon?«

Die Krankenschwester warf ihr einen finsteren Blick zu und sprach weiter mit Linnea. »Aber lass es vorsichtig angehen in der Loipe, das Gesicht ist sehr empfindlich. Und es sind harte Zeiten für Kinder.«

Dann verschwand sie wieder. Linnea stand auf und begann, ihre Sachen zu packen. Die Mutter blieb sitzen und beschäftigte sich mit ihrer Zigarette.

»Soll ich Sie beide nach Hause fahren?«, fragte Sara.

»Ich kann meinen Mann anrufen«, sagte die Mutter und stand auf. »Ich muss hier raus.«

»Es ist aber einfacher, wenn ich Sie fahre«, rief Sara der flüchtenden Gestalt hinterher. »Dann können Sie mir zeigen, wo es passiert ist.«

Sie und Linnea mussten im Auto warten, während Mutter Annika ihre Zigarette rauchte. Dann fuhr sie durch Hedånger. Der Ort war nicht sonderlich groß, dafür aber sehr schneebedeckt. Und seine Straßen waren glatt. Offenbar hatte das Polizeiauto Reifen mit Spikes, sonst wäre es ihr wohl nie gelungen, dem Motorschlitten auszuweichen, der aus dem Wald kommend den Weg kreuzte und auf der anderen Seite über den Straßengraben hinweg zu einer Minigolfbahn flog, nur, um mit hoher Geschwindigkeit zwischen den einzelnen Bahnen Slalom zu fahren. Überall fanden die unterschiedlichsten winterlichen Aktivitäten statt. In weiter Ferne konnte man auf dem See einige Eishockeymannschaften in rücksichtslosem Zweikampf erkennen, in einem Garten wurde ein riesiger Schneemann gebaut, und an einem Steilhang unterhalb einer ziemlich großen, freien Ebene wurde ein Iglu errichtet. An einem anderen Berg, auf dem offenbar auch die Schule lag, rodelten die Kinder, dass es eine wahre Freude war. Die Wege waren von älteren Damen mit Tretschlitten gesäumt, und am Waldrand sah man den einen oder anderen Langläufer vorbeigleiten. Eine Szenerie wie auf einem Gemälde von Pieter Bruegel. Arbeitete in dieser Stadt denn niemand?

Diese Frage stellte sie Lisa Ohlsson dann auch, als sie wieder auf der Polizeistation ankam. Die antwortete mit grimmiger Miene: »Die Arbeitslosigkeit in Hedånger liegt bei dreiundvierzig Prozent. Zum Glück haben wir den Schnee. Noch.«

»Schön, dass die Klimaveränderungen hier noch nicht richtig angekommen sind«, nickte Sara Svenhagen und schaltete den Computer ein.

»Hast du das Eishockeytor gesehen?«, fragte Lisa.

»Ja, Linnea hat es mir gezeigt. Wir haben es entfernt. Offenbar fährt nur sie auf dieser Strecke. Es ist ihre eigene Loipe. Sie ist offensichtlich ein richtiges Gewohnheitstier, sie fährt die gleiche Runde jeden Tag nach Schulschluss um halb drei und erreicht die Stelle, an der das Tor stand, um Viertel vor. Heute allerdings nicht.«

»Und du hast nichts Interessantes am Tatort gefunden?«

»Doch, gewissermaßen schon. Deutliche Schleifspuren im Schnee, die vom Schulhof dorthin führen. Und ebenso deutliche Schuhabdrücke. Ich habe sie ausgemessen und fotografiert. Und jetzt sehe ich auf der Umrechnungstabelle im Internet, dass es … drei Paar Schuhe in Größe fünfundvierzig, vierzig und neununddreißig gewesen sind. Ein Mann und zwei Frauen? Oder zwei Männer und eine Frau?«

»Oder Jugendliche?«, fragte Lisa.

Sara nickte und schlug die oberste Akte auf. Sie las demonstrativ genug, damit Lisa den Raum verließ. Die Verbrechen des letzten Jahres in Hedånger. Wahrhaftig keine Schwerstkriminalität. Die üblichen Scherereien mit Betrunkenen, einige prügelnde Ehemänner, das eine oder andere misshandelte Kind, illegale Schnapsbrennerei – wie überraschend –, ein paar Internetstraftaten, unter anderem der Besitz von Kinderpornografie, und einige Wirtschaftsdelikte. Doch dann passierte etwas. Der Trend war spürbar. Zunächst erschien er ihr äußerst beunruhigend: Kinder, die sich in ungewöhnlich hohem Maße verletzten, Linnea Arvteg war keineswegs die Erste in der Reihe. Doch als sie bemerkte, dass der Beginn dieser Serie zeitlich ungefähr mit dem ersten Schnee zusammenfiel, legte sich Saras Unruhe ein wenig. Und auch die Worte der Krankenschwester, die ihr schon länger nicht mehr aus dem Kopf gingen, ergaben jetzt einen Sinn: »Es sind harte Zeiten für Kinder.« Weil sie mit Gegenständen kollidieren, wenn sie den Motorschlitten des Bruders ausprobieren, beim Schlittschuhlaufen auf den Kopf fallen, von Schneebällen im Gesicht getroffen werden, auf der Straße ausrutschen, mit dem Schlitten gegen Bäume fahren – oder, wie in diesem Fall, den Streichen von Jugendlichen zum Opfer fallen, wenn sie Ski laufen.

Nein, dachte sie, ich bilde mir nur ein, dass es einen Zusammenhang gibt. Ich lebe noch immer in dem Glauben, ich würde schwere internationale Verbrechen bekämpfen. Ich muss mich zusammenreißen. Ich befinde mich jetzt an einem anderen Ort. Wo die Dinge ganz andere Dimensionen haben.

Dennoch wollte das Gefühl nicht verschwinden, dass sie eine Witterung aufgenommen hatte. Waren in den letzten Monaten nicht trotz des Schnees einige Kinder zu viel verletzt worden? Vier davon ziemlich schwer, was noch dazu bei der Polizei angezeigt worden war. Sie beschloss, die Sache näher zu untersuchen.

Sie druckte sich ein paar Karten aus dem Internet aus und fuhr erneut durch Hedånger. Es war immer noch hell. Das Hockeyspiel auf dem Eis war beendet, stattdessen sah sie einige Schlittschuhläufer, die sich am Schilfgürtel entlangpflügten. Die Motorschlitten waren nicht zu sehen, doch ihr aggressives, wespenartiges Brummen drang bedrohlich aus der Tiefe des Waldes. Das Iglu am Steilhang sah aus, als sei es noch größer geworden, wohingegen dem riesigen Schneemann nach wie vor der Kopf fehlte. Die Damen auf den Tretschlitten hatten Gesellschaft von einigen Herren bekommen, und eine waghalsige Gestalt im Trikot raste auf einem Skateboard den Standstreifen entlang; es gelang Sara gerade noch auszuweichen. Ein Mann filmte seinen Sohn dabei, wie er im Garten eine Schneelaterne baute, und eine Frau schippte unermüdlich ihre Garageneinfahrt frei.

Sie erreichte den ersten Punkt auf ihrer Karte, das bescheidene Haus der Familie Granlund. Der achtjährige Edvin Granlund lebte zusammen mit seiner Mutter, seinem Vater und seinem Bruder. Sara betrachtete Edvins eingegipste Arme, die in zwei kurios gekreuzten Dreieckstüchern steckten, und fragte kurz und knapp: »Was ist passiert, Edvin?«

»Ich bin Schlitten gefahren«, sagte Edvin.

»Du fährst doch aber ziemlich häufig Schlitten, oder? War diesmal etwas anders als sonst?«

»Ich weiß nicht ... Ich bin weiter oben losgerodelt als sonst. Von der höchsten Stelle des Barkbygipfels sogar.«

»Und warum?«

Edvin sah sie mit dem Blick eines Achtjährigen an und antwortete: »Weil es cool ist.«

»Cool?«, fragte Sara ungläubig. Aber warum sollte ein Achtjähriger nicht das Wort ›cool‹ kennen?

»Jetzt hat Mama gerade das Essen fertig«, sagte Papa Granlund und erhob sich. »Edvin ist leider noch nicht dazu in der Lage, allein zu essen.«

»Nur noch eine Sache«, sagte Sara. »Wer hat den Fall bei der Polizei angezeigt?«

Papa Granlund schüttelte den Kopf und sagte: »Keine Ahnung. Man kann eigentlich auch nicht von einem ›Fall‹ für die Polizei sprechen. Höchstens von einem Unfall, wenn auch von einem verdammt unangenehmen.«

Bevor sie zu Familie Rundström außerhalb von Hedånger weiterfuhr, las sie sich noch einmal die Granlund-Akte durch. Nein, sie hatte nichts übersehen, derjenige, der Anzeige erstattet hatte, wurde nicht namentlich erwähnt. In der Rundström-Akte war jedoch vermerkt, dass ein gewisser ›Jonas Gustafsson‹ den Fall angezeigt hatte.

Mutter Rundström und ihre Tochter, die fünfjährige Wilma, waren beide zu Hause. Es musste immer jemand bei ihr sein, so viel stand fest. Das kleine blonde Mädchen saß in einem Miniaturrollstuhl.

»Beckenbruch«, las Sara aus der Akte vor. »Damit ist nicht zu spaßen.«

»Obwohl es leider ziemlich typisch für diese Art von Unfällen ist«, sagte Mutter Rundström und rückte einen Halmakegel vor. Klein Wilma beugte sich über das Spielbrett und sah aus, als denke sie so intensiv nach wie ein russischer Schachweltmeister.

»Waren Sie dabei, als es passierte?«, fragte Sara.

»Ich war in der Nähe«, antwortete Mutter Rundström. »Aber nicht nahe genug.«

»Sie fuhr also Tretschlitten? Bergab?«

»Wilma hat einen winzig kleinen Tretschlitten, den sie von ihrer Oma schon zur Geburt geschenkt bekommen hat. Ich habe gar nicht bemerkt, dass sie auf den Abhang zusteuerte.«

»Es war aber ziemlich cool«, piepste Wilma und rückte ihren Kegel unerlaubt oft auf dem Spielbrett vor. »Und du hast mich ja auch gefilmt, Mama.«

»Ich habe gefilmt, das stimmt«, sagte Mama Rundström. »Aber ich habe nicht dich gefilmt, sondern nur die neue Videokamera ausprobiert.«

Sara Svenhagen runzelte die Stirn und blieb noch eine Weile sitzen, den Blick auf das Spielbrett geheftet. Am Ende fragte sie: »Wer ist Jonas Gustafsson?«

Mama Rundström zog eine verächtliche Grimasse und sagte: »Unser Nachbar. Ein Säufer, wie er im Buche steht. Sie gehen auf eigenes Risiko dorthin, das sage ich Ihnen.«

»Warum sollte ich denn zu ihm gehen?«, fragte Sara.

Mama Rundström starrte sie kurz an, als ginge ihr plötzlich ein Licht auf, und sagte dann: »Sie haben sich doch nach ihm erkundigt. Aber Sie handeln auf eigene Verantwortung. Es ist jedenfalls nicht leicht für eine alleinerziehende Mutter, eine Tochter an einem Ort wie diesem aufzuziehen. Hier gibt es keine Arbeit, und es wird auch nie welche geben, wenn das Kasino nicht kommt, wie man es uns versprochen hat.«

Als Sara das Haus verließ, dämmerte es bereits. Von den Rundströms ging sie geradewegs hinüber zum Nachbarhaus. Sie klingelte. Niemand öffnete. Ein bläuliches Licht schimmerte durch das Fenster und verriet, dass der Fernseher lief. Sie klingelte noch einmal, beharrlicher, doch auch diesmal kam keine Reaktion. Schließlich war sie gezwungen aufzugeben. Und auch der Besuch der anderen Stationen auf ihrer Route war nicht erfolgreicher. Die zwei weiteren Familien, deren Kinder zu Schaden gekommen waren, die Svenssons und die Landins, waren nicht zu Hause. Sie kehrte zur Polizeistation zurück. Während sie durch die Stadt fuhr, registrierte sie, dass der See von Flutlichtscheinwerfern erleuchtet wurde – was die übriggebliebenen Schlittschuhläufer in ein beinahe mystisches Licht tauchte. Sie bemerkte auch, dass der Kopf des Schneemanns nun an seinem Platz saß, inklusive einer imposanten Karotte als Nase, und dass man dem Iglu am Steilhang eine neue, spitzere Form verpasst hatte.

Lisa Ohlsson war bereits im Aufbruch begriffen. Es war vier Uhr, und damit endete ihre Arbeitszeit, wie sie Sara eifrig mitteilte. Die nickte kurz und fragte, ob sie ihr noch zeigen könne, wo ihre Wohnung lag. Lisa machte eine entschuldigende Geste und führte sie an dem Büro vorbei, das mit dem Schild »Kriminalkommissarin Sara Svenhagen« versehen war. Der Flur war unerwartet lang und verlor sich im Dunkel. Lisa deutete auf die ramponierte Lampe über der Tür und sagte: »Wir müssen morgen den Hausmeister rufen.«

Dann schloss sie auf, überreichte den Schlüssel und verabschiedete sich. Bevor sie die Wohnung in Augenschein nahm, trug Sara die Einkaufstüten vom Auto herein und stopfte die Lebensmittel in den Kühlschrank. Es war ein völlig akzeptables Einzimmerappartement mit einem völlig akzeptablen Badezimmer. Dabei war ihre Frustrationstoleranz bei Badezimmern ziemlich niedrig. Außerdem gab es einen großen Flachbildschirm und einen DVD-Player. Hier würde sie wohl einen Monat überleben können. Zumindest, was den privaten Teil anging.

Sie ging ins Büro zurück und holte den Laptop, ihre Sachen aus Stockholm und sämtliche Akten mit Strafanzeigen. In ihrem Gepäck befand sich auch ein italienischer Rotwein in einem Zapfkarton, den sie mit wenigen, routinierten Handgriffen startklar machte. Sie trank etwas Wein, während sie Fleischklopse und Kartoffelpuffer briet und ihr auffiel, wie kindgerecht ihre Essgewohnheiten geworden waren. Jetzt war sie Strohwitwe, eine gute Gelegenheit, etwas in dieser Sache zu unternehmen. Und dabei ein bisschen zuzunehmen.

Sie aß und telefonierte gleichzeitig mit ihrer Familie. Sprach aufgekratzt mit Jorge, wechselte ein paar Sechsjährigenworte mit Isabel und Zweijährigenworte mit Miguel, und als Jorge wieder ans Telefon kam, hörte sie im Hintergrund Krach, einen harten, tiefen, klangvollen Krach. Sie hörte auch, dass Jorge einen Wutausbruch unterdrückte. Als habe er etwas zu verbergen.

»Also ist sie jetzt da?«, fragte sie.

»Sie?«, fragte Jorge in diesem unschuldigen Tonfall, auf den sie während ihrer fast zehnjährigen Ehe noch kein einziges Mal hereingefallen war.

»Die Bassgitarre«, sagte Sara bissig.

»Verdammt, ich bin nun mal Strohwitwer«, brach es aus

Jorge heraus. »Ja, die Bassgitarre ist da. Und jetzt hat Miguel sie zerstört.«

»Die ist widerstandsfähiger, als du denkst«, sagte Sara und fuhr fort: »Ich werde dich vielleicht morgen mal anrufen. Wahrscheinlich muss ich mit dir über eine Sache sprechen.«

»Eine Sache?«

»Ich glaube, ich bin auf einen richtigen Fall gestoßen«, sagte Sara Svenhagen und legte auf.

Es gab einige Dinge, die in ihr rumorten und die noch nicht einmal von ihrer Familie zum Schweigen gebracht werden konnten. In der letzten Zeit hatte sie gelernt, ihre Arbeit Arbeit sein und nicht in ihr Privatleben eindringen zu lassen. Aber jetzt spürte sie es wieder, dieses Etwas, für das ihr keine andere Beschreibung einfiel als Witterung.

Cool.

Natürlich konnte ein fünfjähriges Mädchen lernen, was das Wort ›cool‹ ungefähr bedeutete. Aber dass gleich zwei Kinder, ein acht- und ein fünfjähriges, dieses Wort unabhängig voneinander im gleichen Zusammenhang verwendeten, war äußerst ungewöhnlich. Das deutete auf eine Verbindung hin. Aber was für eine Verbindung? Zwischen Kindern, die sich verletzten, während sie in einer Stadt im Norden Wintersport trieben? Nicht gerade überzeugend.

Doch dann war da noch die andere Sache. Die sich in ihr festbiss und sie nicht mehr loslassen wollte. Die Anzeige. Wer hatte Anzeige erstattet? In keinem der vier Fälle waren es die Eltern selbst gewesen. Im Fall Rundström und Svensson hatte der Nachbar den Vorfall angezeigt und im Fall Granlund und Landin ein Unbekannter. Und wie verhielt es sich eigentlich im Fall Arvteg? Auch das musste untersucht werden.

Zwei Fragen drängen sich auf, dachte Sara Svenhagen, während sie erneut spürte, wie sich die Müdigkeit in ihr ausbreitete. Wahrscheinlich spukten die endlosen und mental anstrengenden Verhöre mit dem Videomörder Larsson noch immer in ihr herum.

In dieser Wohnung gab es werbefreies Kabelfernsehen, sie wollte nicht so abrupt und geradezu peinlich schnell einschlafen wie gestern auf dem IKEA-Sofa im Büro. Sie wollte einen Film sehen, am liebsten einen richtigen Actionfilm oder eine schnulzige romantische Komödie. Jungsfilm oder Mädchenfilm, bloß kein Mittelding.

Zwei Fragen; so kam sie wieder auf ihren ersten Gedanken zurück. Frage eins: Wer war die anonyme Person, die Anzeige erstattet hatte? Warum wollte der Betreffende anonym bleiben? Frage zwei: Warum wurden diese Unfälle überhaupt angezeigt? Und warum erstatteten die Eltern nicht selbst Anzeige?

Na gut, es waren eigentlich vier Fragen. Eins a und b und zwei a und b sozusagen.

Gut, und sie war ziemlich müde.

Eine Frage ließ sie jedoch nicht mehr los, obwohl ihr Körper schlappmachte und ihr Geist sich zu einem winzigen Briefumschlag zusammenfaltete, der nur noch eins enthielt, den Wunsch nach Schlaf. Die Frage lautete:

Warum verharmlosten die Eltern die Unfälle ihrer Kinder?

Sie wachte wieder in ihrer Kleidung auf. Es war bizarr. Sie hatte zwei Nächte hintereinander in diesen Sachen geschlafen. Ihren Reiseklamotten. Ihrer Reiseunterwäsche. Entsprechend schmuddelig fühlten sie sich an, als sie sie auszog und unter die Dusche schlüpfte. Das Wasser ließ sie wach werden. Sie frühstückte nackt, in der Hoffnung, dass die Wohnung genauso blickdicht war, wie es den Anschein hatte.

Als sie auf die Uhr schaute, bemerkte sie, dass es schon neun war. Sie hatte mehr als zwölf Stunden geschlafen, und bald schon würde Lisa Ohlsson seufzend vor der Tür stehen und klopfen. Sie beeilte sich mit dem Frühstück und schaffte es sogar, vor Lisa im Büro zu sein. Als die Sekretärin um neun Uhr zweiundzwanzig auftauchte – mehr als zwanzig Minuten zu spät –, gelang es ihr, den Eindruck zu vermitteln, bereits sehr in die Akten vertieft zu sein.

Aus dem einfachen Grund, dass sie es tatsächlich war. Sehr vertieft, natürlich. Etwas hatten diese fünf Fälle gemeinsam. Es gab eine Übereinstimmung, die sie zweifelsohne miteinander verknüpfte. Doch was war das?

Lisa klopfte vorsichtig an die bereits weit geöffnete Tür, und Sara fragte, ohne aufzublicken: »Wer sind Jonas Gustafsson und Johanna Peltonen?«

Lisa Ohlsson hielt im Türrahmen inne und sagte leise: »Jonas Gustafsson ist schwerer Alkoholiker, und Johanna Peltonen ist eine pensionierte Gymnasiallehrerin mit Verdacht auf Alzheimer. Warum?«

»Sie haben einige der Fälle angezeigt«, sagte Sara und klopfte auf den Stapel mit den Akten.

»Keinen der beiden kann man als besonders zuverlässig bezeichnen«, sagte Lisa.

»Aber sie hatten doch recht. Es ist etwas passiert. Kinder wurden ernsthaft verletzt.«

»Aber ist das denn wirklich etwas, was man bei der Polizei anzeigen müsste?«

»Tja«, sagte Sara, »das ist eine gute Frage. Allerdings wurden auch die anderen Fälle angezeigt. Von einer anonymen Person – oder von zweien oder gar dreien. Wie viele ähnliche Fälle gibt es, die *nicht* zur Anzeige gebracht wurden?«

»Kinder verletzen sich nun mal, wenn es schneit«, sagte Lisa. »So ist es schon immer gewesen.«

»Aber erstattet man deshalb gleich Anzeige?«

»Nein. Da hast du recht. Und dann haben wir noch Linnea Arvteg mit dem verschleppten Eishockeytor. Das war vorsätzlich.«

»Ja«, sagte Sara. »Wer hat das angezeigt? Haben wir die Unterlagen aus der Großstadt schon?«

»Ja«, sagte Lisa. »Ich wollte sie dir gerade bringen. Es war ein anonymer Anruf.«

»Haben wir eine Mitschrift von dem Gespräch?«

»Nein, ich glaube nicht, dass es aufgezeichnet wurde.«

»Kümmer dich bitte darum, dass der Anruf zurückverfolgt wird. Und frag auch bei den Kollegen in der Großstadt nach, wie es kommt, dass wir nicht wissen, wer die Fälle Granlund und Landin angezeigt hat.«

»Wird erledigt«, sagte Lisa Ohlsson.

Sara Svenhagen sah ihr nach. Es war ziemlich offensichtlich, dass auch die ehemalige Sekretärin des Polizeichefs Witterung aufgenommen hatte. Sara vertiefte sich erneut in die Akten. Die Verletzungen waren sich merkwürdig ähnlich. Es gab Armbrüche, Beinbrüche, Nasenbrüche, Beckenbrüche, Jochbeinbrüche, Kreuzbandrisse – klassische Kollisionsschäden.

Sie blieb noch lange sitzen und dachte nach, bevor sie sich auf den Weg machte. In Hedånger herrschte eine merkwürdige

Ruhe. Kein Motorschlitten war zu hören. Der See lag verlassen da, kein einziger Schlittschuhläufer, so weit das Auge reichte. Der große Schneemann thronte imposant auf dem kleinen Gartengrundstück. Das Iglu am Steilhang war noch stärker in die Höhe gewachsen und ragte noch schräger in die Luft. Ein paar ältere Damen fuhren mit ihren Tretschlitten auf dem Weg. Sie erreichte Jonas Gustafssons Haus, klingelte und klopfte. Diesmal öffnete er. Der Geruch von Alkohol umgab ihn wie eine Wolke. Sara spürte, wie sie instinktiv zurückwich. Sie wollte nicht hinein und fragte ohne Umschweife: »Warum haben Sie den Unfall Ihrer Nachbarin Wilma Rundström angezeigt?«

»Na, weil sie sich dabei verletzt hat«, lallte Gustafsson. »Die kleine Wilma. Fuhr mit diesem lächerlich kleinen Schlitten den großen Berg hinunter.«

»Hätte es denn nicht gereicht, einen Krankenwagen zu rufen? Warum die Polizei?«

»Na, weil sie sie gehetzt haben.«

»Wer? Was heißt gehetzt?«

»Ihre Tante. Ihre Mutter. Haben sie höher und höher getrieben. Haben gefilmt und sie angefeuert.«

»Ihre eigene Mutter?«

»Die war völlig außer sich. Es war meine Pflicht, das anzuzeigen. Als würde das irgendeinen Unterschied machen.«

Mit Eiskristallen in der Blutbahn verließ Sara Gustafssons Haus. Als sie eine solche Vollbremsung hinlegte, dass sich der Dienstwagen auf der großen Straße quer stellte, lag das nicht an der alten Dame auf dem Tretschlitten, die zehn Meter vor ihr gestürzt war, sondern an einer neuen Idee: »Es sind harte Zeiten für Kinder.«

Sie erreichte das Krankenhaus, als die Krankenschwester gerade zur Mittagspause aufbrach. Es gelang ihr nur knapp, sie aufzuhalten, ehe sie durch den Personalausgang entkam. »Sie waren das, oder?«

Die Krankenschwester sah sie finster, aber keineswegs überrascht an und machte eine resignierte Geste.

»Das ist meine Pflicht, wenn Kinder in Gefahr sind«, sagte sie. »Aber ich muss schließlich auch in dieser Stadt leben. Ich habe die Polizei darum gebeten, anonym zu bleiben.«

»Sie haben Granlund und Landin angezeigt, oder?«

»Ja«, sagte die Krankenschwester. »Da wurde es so extrem, dass ich es nicht auf sich beruhen lassen konnte. Edvin Granlund brach sich beide Arme, und bei Arvid Landin rissen die Kreuzbänder.«

»Wissen Sie, warum? Wissen Sie, was hier vor sich geht?«

Die Krankenschwester blieb stehen und fasste Sara am Arm.

»Nein«, sagte sie eindringlich. »Das müssen Sie herausfinden. Sie sind unsere letzte Hoffnung.«

Als Sara Svenhagen wieder im Auto saß, war sie zutiefst verwirrt. Wie hatte sie sich innerhalb kürzester Zeit zur letzten Hoffnung dieses Dorfes verwandeln können? Sie glaubte nicht ernsthaft daran, aber irgendetwas ging dennoch vor sich. Etwas, dem man ein Ende bereiten musste.

Sie fuhr zur Schule hinauf und ging zum Eishockeyfeld. Das Hockeytor stand wieder auf seinem alten Platz, und sie ging denselben Weg, den derjenige, der das Tor umgestellt hatte, ein paar Tage zuvor genommen hatte. Sie folgte den Schleifspuren und Fußabdrücken in Größe fünfundvierzig, vierzig und neununddreißig durch den Schnee. Ab und zu sank sie ein und spürte, wie ihr Bein im Schnee verschwand. Doch sie befreite sich wieder und arbeitete sich weiter vor. Am Ende hatte sie Linnea Arvtegs Loipe erreicht. Sie sah den Ort, an dem das Hockeytor gestanden hatte. Sie folgte der Loipe mit dem Blick, bis diese hinter der freien Ebene den Steilhang hinab verschwand. Wo jemand das Iglu gebaut hatte.

Und wieder fiel ihr etwas ein. Schon wieder. Ständig fielen ihr siedend heiß irgendwelche Dinge ein. Sie sollte einen Risikozuschlag verlangen. Eine vage Erinnerung.

Das Kasino. Die paradoxe Hoffnung dieser Gegend. Doch nein, das war es nicht.

Sie rannte durch den Schnee. Hin und wieder sank sie ein und spürte, wie der Boden unter ihr verschwand, es war eine zutiefst frustrierende Art der Fortbewegung, doch am Ende erreichte sie den Dienstwagen. Sie hüpfte hinein und fuhr zum Ica-Supermarkt. Sprang hinaus, rannte zum Schwarzen Brett. Riss einen Aushang ab. Studierte ihn. Las darauf, dass das Lokalfernsehen bald ins Bürgerhaus kommen würde. Die Sendung hieß »Der lustigste Beitrag gewinnt«. Offenbar handelte es sich um ein Sendekonzept, das vom amerikanischen Format »America's Funniest Home Videos« inspiriert war. Die Bevölkerung von Hedånger war aufgerufen, ihre witzigsten Familienvideos zusammenzutragen und sie dem lokalen Werbekanal in einer Live-Sendung vorzuführen. Dort sollte das lustigste Video zum Thema »Coole Kids. Pleiten, Pech und Pannen« prämiert werden, und der erste Preis war mit fünfzigtausend Kronen dotiert.

Fünfzigtausend Kronen.

Sara Svenhagen kehrte zur Polizeistation zurück. Sie war vollkommen durchgefroren.

Lisa steckte den Kopf in ihr Büro, und bevor sie etwas sagen konnte, fragte Sara: »Wie sieht Linnea Arvtegs familiäre Situation aus?«

»Es ist eine recht arme Familie mit vielen Kindern«, sagte Lisa. »Ich glaube, Linnea will schwedische Langlaufmeisterin werden, um die Familie vor dem Untergang zu retten. Die Eltern sind arbeitslos und haben fünf Kinder, Linnea ist die Mittlere.«

»Zwei große Brüder?«, fragte Sara.

»Ja«, antwortete Lisa, »zwölf und vierzehn Jahre alt.«

»Der Vater hat Schuhgröße fünfundvierzig, der Vierzehnjährige vierzig und der Zwölfjährige neununddreißig. Sie können die fünfzigtausend gut gebrauchen.«

»Der anonyme Anruf«, sagte Lisa und sah auf einen Zettel hinab. »Ich habe die Antwort aus der Großstadt bekommen. Die Person, die den Vorfall mit dem Eishockeytor gemeldet hat, war Annika Arvteg. Linneas Mutter.«

Sara sah die lethargische Mutter vor sich. Die nicht mit ihrer bandagierten Tochter im Krankenhaus sprach. Die nur herumsaß und am Krankenbett ihrer Tochter Zigaretten drehte. Sara hatte falsch gesehen. Annika war ihrer Tochter gegenüber nicht gleichgültig. Sie war resigniert, weil ihre anonyme Anzeige keinerlei Wirkung gezeigt hatte.

Weil ihre Tochter noch immer in Gefahr war.

Sara Svenhagen stand abrupt auf und sah auf die Uhr. Es war fünf nach halb drei. Vor fünf Minuten hatte Linnea Arvteg ihre tägliche Skirunde begonnen. In zehn Minuten würde sie dort ankommen, wo das Eishockeytor gestanden hatte. Kurz darauf würde sie den Steilhang erreichen. Und darauf befand sich jetzt ... keineswegs ein Iglu, wie Sara in ihrer Naivität angenommen hatte, sondern eine Sprungschanze. Eine stattliche Schanze auf halber Höhe des Hangs, die Linnea wie ein Blatt im Wind fliegen lassen würde.

Sara brach auf. Das Auto sprang nicht an. Sie rannte. Sie rannte wie wild die spiegelglatte Straße entlang und kam näher und näher. Sie stürzte, rappelte sich wieder auf, stürzte erneut. Kam immer näher, jedoch langsam, viel zu langsam. Jetzt war es zwanzig vor. Linnea war auf dem Weg zum Steilhang. Bald würde sie die Stelle passieren, wo das Hockeytor gestanden hatte. Wo sie gefilmt worden war, als sie mit ihrem Kopf die Latte gerammt hatte. Aber es hatte noch nicht gereicht. Es ging noch lustiger.

Der lustigste Beitrag gewinnt.

Sara sah zu dem Ort hoch, wo das Hockeytor gestanden hatte. Sie sah die zehnjährige Linnea Arvteg mit eleganten Bewegungen vorbeisausen. Sie brüllte, sie schrie aus Leibeskräften, doch Linnea hörte sie nicht und setzte ihren Weg in Richtung Abhang fort.

Sara rannte. Sie rannte und rutschte, rannte und rutschte. Schließlich erreichte sie die freie Ebene oberhalb des Abhangs, und an der Seite sah sie einen Mann mit zwei Jungen stehen und eine Videokamera auf den Abhang mit der großen Sprungschanze richten.

Dann sah sie nichts mehr. Sie rutschte aus und schlug hart mit dem Kopf auf dem Eis auf.

Einige Tage später betrat sie ein Bürovorzimmer im Stockholmer Polizeipräsidium und wurde in der Tür nicht nur von einer höchstens dreiundzwanzigjährigen Silikonsekretärin empfangen, sondern auch von einem Flachbildschirm. Als sie weiter in das beeindruckende, große Büro geführt wurde,

wurde sie Zeuge, wie Waldemar Mörner vor Lachen rücklings von seinem als Bürostuhl getarnten Barhocker fiel.

»Hast du das Video gesehen?«, jaulte er, stand vom Boden auf und rückte sein Toupet gerade. »Ist einfach irre. Sie nennen es ›Die fliegende Mumie‹.«

Er drehte den Bildschirm und spielte den You-Tube-Clip noch einmal ab.

Ein kleines Mädchen mit einem über und über bandagierten Kopf fuhr auf Skiern einen Steilhang hinab. Auf ihrem Weg bergab wurde es schneller, raste auf eine große Sprungschanze zu und segelte mit grotesk zappelnden Skiern, Stöcken und Armen wild durch die Luft, bis es mit dem Kopf zuerst auf dem schneebedeckten Boden aufsetzte. An dieser Stelle endete der Film.

Sara schüttelte den Kopf. »Der hat also gewonnen?«

»Jaja«, lachte Mörner. »›Die fliegende Mumie‹. Und wie ich feststelle, hat auch meine hübsche Sara neuerdings etwas Mumienhaftes an sich.«

Sara lachte müde und befühlte ihren Kopf. Bald würde sie den Verband abnehmen können.

»Zum Glück hat Linnea es dieses Mal besser überstanden«, sagte Sara und zeigte auf den Bildschirm. »Zwar hat sich ihr Nasenbein etwas verschoben und musste wieder gerichtet werden. Aber davon abgesehen war sie unverletzt. Sie läuft jetzt wieder Ski.«

»Und kein Elternteil hat sich strafbar gemacht«, sagte Mörner. »Wohingegen bei uns viele Beschwerden wegen der Überschreitung polizeilicher Befugnisse eingegangen sind. Weil wir uns in Angelegenheiten eingemischt haben, aus denen wir uns besser hätten raushalten sollen.«

Dann klickte er einen Film an, der unter der Rubrik »Reigen der Verlierer« lief. Man sah ein kleines Mädchen, das Tretschlitten fuhr und dabei so sehr durch die Luft gewirbelt wurde, dass sie sich das Becken brach. Einen etwas älteren Jungen, der aus enormer Höhe abwärts rodelte und sich beide Arme brach. Einen anderen Jungen, der mit dem Snowboard ein Dach hinunterfuhr und sich die Kreuzbänder riss. Ein Mädchen, das auf Skiern direkt in ein Eishockeytor sauste. Und so setzte sich der Reigen immer weiter fort.

Der Reigen der Verlierer.

Sara Svenhagen schloss die Augen. Sie stand vollkommen still.

Am Ende sagte Mörner: »Wir betrachten unser Experiment mit der neuen bürgernahen Polizei hiermit als beendet. Es war ein Versuch, der nicht ganz glücklich ausging. Und auf dich, Schönste aller Schönen, warten neue Einsätze. Das Leben geht weiter.«

Sara öffnete ihre Augen und fragte: »Und was wird aus der neuen internationalen Gruppe?«

Waldemar Mörner grinste breit.

Aus dem Schwedischen von Ursel Allenstein

Torbjörn Flygt

Vor der Pause

Exakt um halb zehn blickt Richter Jakobsson über seine Hornbrille. Der Angeklagte wird von zwei Justizvollzugsbeamten hereingeführt und neben seinen Verteidiger gesetzt.

Jakobsson wartet ab, bis der gesamte Saal die Aufmerksamkeit auf ihn richtet.

»Ich begrüße Sie zur heutigen Verhandlung, die hiermit eröffnet ist.« Sein Blick wandert über die voll besetzten Zuschauerreihen und bleibt bei einem der beiden Männer auf der Seite des Staatsanwalts hängen. »Der Nebenkläger ist Lars Peter Halldén. Sind Sie das?«

»Ja.« Halldén scheint in seinem braunen Tweedanzug jetzt schon zu schwitzen.

»Und Ihr Rechtsbeistand Ann Schmidt begleitet Sie?«

»Ja«, antwortet die Frau rechts von Halldén.

»Der Staatsanwalt ist Claes Backe. Willkommen zurück im Dienst.«

»Danke.«

»Ich hoffe, Ihre Unterlagen sind bestens geordnet.«

Er hat das als Scherz gemeint, doch Backe, sämtliche Akten fein säuberlich vor sich, wirft ihm nur einen kalten Blick zu. Jakobsson wendet sich der anderen Seite zu.

»Der Angeklagte ist Sverker Stefan Justin.«

Justin starrt vor sich hin und gibt keine Antwort.

»Sverker oder Stefan?«

Endlich gibt er ein mürrisches »Sverker« von sich.

»Und Tomas Montgomery ist sein Verteidiger.«

»Korrekt.« Montgomery rollt einen Füllfederhalter zwischen Daumen und Zeigefinger und justiert mit der anderen Hand seine Krawatte. Ein gelbes Ding mit ornamentalem Muster.

»Gibt es Einwände gegen die Hauptverhandlung?«

»Nein«, antworten Staatsanwalt Backe und Rechtsanwalt Montgomery einstimmig.

»Dann haben wir das geklärt.« Jakobsson schiebt die Brille hoch, blickt auf seine Unterlagen. »Darf ich den Staatsanwalt bitten, die Anklage vorzutragen?«

Claes Backe rückt einen seiner Papierstapel zurecht, obwohl sie alle ganz gerade vor ihm liegen, und ergreift nach einem Räuspern das Wort.

»Ich beantrage, Sverker Justin wegen Raubmordes zu verurteilen. In der Nacht vom dreiundzwanzigsten auf den vierundzwanzigsten Dezember des vergangenen Jahres hat er Sophie Halldén mit einer Axt getötet. Die Indizien lassen nur eine Schlussfolgerung zu: Es muss sich um einen vorsätzlichen Mord gehandelt haben.«

Jakobsson nickt zustimmend und wendet sich der Verteidigung zu.

»Was sagt der Angeklagte dazu?«

Justin hat seinen Blick ins Nirgendwo geheftet, sein Gesichtsausdruck ist vollkommen leer.

»Mein Mandant bestreitet die Tat«, erwidert Montgomery ruhig.

Jakobsson macht sich Notizen. Zieht einen Strich darunter. Schiebt die Brille wieder hoch.

»Würde der Rechtsbeistand bitte den Schadensersatzanspruch formulieren?«

Ann Schmidt gibt den Betrag samt Zinssätzen und entsprechenden Paragraphen an. Jakobsson und der Schöffe schreiben mit, Jakobsson summt bei jeder Ziffer bestätigend. Nachdem die Formalitäten erledigt sind, wendet der Richter seine Aufmerksamkeit wieder dem Saal zu. Er blickt über das Brillengestell.

»Wir beginnen mit der Anhörung des Anklägers. Herr Staatsanwalt?«

Backe räuspert sich erneut, zieht das dunkelblaue Jackett über den Bauch und setzt sich kerzengerade hin. Kunstpause.

»Erlauben Sie mir, den Tathergang darzustellen. Sophie Halldén verbringt den Abend des dreiundzwanzigsten Dezember mit Sverker Justin bei ihm zu Hause. Kurz nach halb zehn verlassen die beiden in ihrem Wagen Justins Grundstück und begeben sich zur Statoil-Tankstelle im Cypressvägen. Dort tanken sie und kaufen ein. Anschließend sucht Sophie Halldén die sanitären Anlagen auf. Sie geht also zur Toilette. Justin folgt ihr und erschlägt sie dort mit einer Spaltaxt. Wie wir noch hören werden, gibt es Zeugen, die die beiden zusammen in der Tankstelle gesehen haben. Justin hat sie so getötet, wie man – verzeihen Sie mir die Ausdrucksweise – ein Holzscheit spaltet.«

Backe macht eine kurze Pause und legt eine Hand auf die Schulter von Peter Halldén, der gesenkten Hauptes zugehört hat.

»Direkt von oben«, fährt Backe fort, »durch den Kopf bis zum Hals. Der Täter steht hinter dem Opfer, und die Klinge dringt dreißig Zentimeter tief ein. Der Tod tritt sofort ein. Eine vollständige Beschreibung der Verletzungen finden Sie im rechtsmedizinischen Gutachten. Im Zuge einer Hausdurchsuchung wurde die Axt bei Justin gefunden, das kriminaltechnische Labor hat Blutspuren von Sophie Halldén daran nachgewiesen. Folglich muss es sich um die Mordwaffe handeln. Im Anhang der Anklageschrift finden Sie Bilder der Axt sowie Fotos von Opfer und Tatort. Am Ende hat Justin sie ausgeraubt. Die Brieftasche von Sophie Halldén wurde im Gebüsch in der Nähe der Toiletten gefunden.«

Im vollbesetzten Gerichtssaal ist es vollkommen still. Die Schöffen sehen mitgenommen aus, sogar Jakobsson scheint ein bisschen Erholung vertragen zu können. Um die maximale Wirkung zu erzielen, lässt Backe noch einige Sekunden verstreichen, bevor er sich an Peter Halldén wendet.

»Wo waren Sie zum Zeitpunkt des Mordes?«

»Ich kehrte am späten Abend von einer Geschäftsreise aus London zurück.« Halldén klingt sachlich und gefasst. Während er spricht, sieht er abwechselnd Backe und Jakobsson an. In Justins Richtung zu blicken, vermeidet er nach Möglichkeit. »Als ich nach Hause kam, war Sophie verschwunden und ihr Wagen auch. Ich hatte keine Ahnung, wo sie steckte. Ich versuchte, sie auf dem Handy anzurufen, aber sie ging nicht ran. Zum letzten Mal habe ich kurz nach dem Einchecken in Heathrow mit ihr gesprochen. Da klang sie wie immer.«

»Wie haben Sie von Sophies Tod erfahren?«

»Mitten in der Nacht, es muss zwei Uhr gewesen sein, bekam ich einen Anruf von der Polizei. Nein, es war sicherlich schon halb drei, drei. Ich weiß es nicht mehr. Ich war noch auf, weil ich auf Sophie wartete.«

»Wann sind Sie denn zu Hause eingetroffen?«

»Das muss gegen zehn Uhr abends gewesen sein, vielleicht halb elf. Wir sind ja um zwanzig Uhr vierzig gelandet.«

»Und da haben Sie versucht, sie zu erreichen?«

»Ja, aber sie ging nicht ans Telefon.«

»Kennen Sie Sverker Justin, den Angeklagten?«

»Ich habe ihn noch nie gesehen.« Halldén sieht auch jetzt nicht in Justins Richtung.

»Wissen Sie, woher Sophie und Justin sich kannten?«

»Keine Ahnung«, bricht es aus Halldén heraus, doch er reißt sich zusammen. »Ich höre den Namen zum ersten Mal.«

»Danke, Peter.« Backe wendet sich an Richter Jakobsson. »Das war alles.«

Jakobsson rückt seine Brille gerade. »Hat die Verteidigung noch Fragen?«

»Im Moment nicht.«

»Dann machen wir weiter.«

Jakobsson bittet die Schöffen stumm um Zustimmung, doch niemand erwidert seinen fragenden Blick. Er zieht ein neues Blatt mit Notizen aus dem Stapel.

»Eine Sache noch.« Montgomery hält seinen Silberfüller wie einen warnenden Zeigefinger in die Höhe und lächelt Jakobsson und Halldén an. »Wann haben Sie Ihre Ehefrau zuletzt gesehen?«

Halldén scheint die Frage nicht zu verstehen. »Als ich sie identifizieren musste …«

»Verzeihung«, fällt Montgomery ihm ins Wort. »Ich habe mich unklar ausgedrückt. Lebend, meine ich.«

»Am Morgen, vor meiner Abreise. Ich musste an dem Tag früh nach London. Sophie zog sich in unserem begehbaren Kleiderschrank ihre Jeans an. Ich ging zu ihr und küsste sie zum Abschied.«

Tomas Montgomery signalisiert Jakobsson mit seinem ausgestreckten Füller, dass er im Moment keine weiteren Fragen hat.

»Danke«, sagt Jakobsson knapp. »Dann wollen wir hören, was Sverker Justin zu sagen hat. Bitte sehr, Herr Staatsanwalt.«

»Danke.« Backe rückt seinen Stuhl näher an den Tisch und zupft erneut an seinem Jackett. Er sammelt sich. »Erzählen Sie uns von Ihrem Verhältnis zu Sophie Halldén, Sverker. Woher kannten Sie sich?«

Justin starrt auf die Tischplatte, als würde er nachdenken. Dann hebt er langsam den Kopf. »Woher?« Er wendet den Blick von Backe ab. »Wir kannten uns schon eine ganze Weile.«

»Ich wollte wissen, woher.«

»Aus der Bank, wo sie arbeitet. Gearbeitet hat, meine ich. Sie hat mir manchmal bei Rechnungen geholfen oder wenn ich einen Kredit brauchte. Ich bin Künstler und habe kein geregeltes Einkommen.«

»Das war alles?«

»Wie meinen Sie das?«

»Wie ich das meine?« Backe seufzt, als wäre die Gegenfrage ungewöhnlich naiv. »Bei den Ermittlungen haben Sie zu Protokoll gegeben, Sophie sei bei Ihnen zu Besuch gewesen und habe Sie anschließend zur Tankstelle mitgenommen. Bankangestellte machen selten Hausbesuche, schon gar nicht abends.«

»Ach, so meinen Sie das.«

»So meine ich das.« Backes Ton ist scharf. »Muss ich die Frage wiederholen?«

»Ja.«

»Im Klartext: Hatten Sie eine Affäre?«

»Eine Affäre?«

»Eine Affäre.« Backes Körpersprache macht keinen Hehl aus seiner Irritation. »Wissen Sie, was das beinhaltet, oder muss ich noch deutlicher werden?«

»Ja.«

»Ja was?«

Justin starrt ihn trotzig an. »Es geht doch keinen etwas an, ob wir eine Affäre hatten.«

Jakobsson mischt sich ein. »Darf ich Sie daran erinnern, dass Sie wegen Mordes angeklagt sind? Beantworten Sie die Fragen des Staatsanwalts, und zwar direkt und wahrheitsgemäß.«

»Danke«, sagt Backe zum Richter. Dann wendet er sich wieder Justin zu. »Sie und Sophie Halldén hatten also eine Affäre. Eine Beziehung. Wie lange schon?«

Justin wirft Peter Halldén einen Blick zu, den dieser nicht erwidert. Justin zuckt mit den Schultern. »Ein halbes Jahr vielleicht.«

»Deswegen war Sophie am Abend des dreiundzwanzigsten Dezembers bei Ihnen zu Hause gewesen. Weil Sie eine Beziehung hatten.«

»Ja.«

»Waren Sie miteinander intim? Die Frage muss ich wohl nicht näher erläutern.«

»Ja.«

»Lauter.«

»Ja, habe ich gesagt.« Nun klingt Justin verärgert. »Sophie kam zu mir, wir haben etwas gegessen und miteinander geschlafen, dann hat sie sich umgezogen, und am Ende hat sie mich noch ein Stück im Auto mitgenommen.«

»Bitte sprechen Sie ins Mikrofon, damit wir Sie besser verstehen. Sechs Monate sind eine lange Zeit für eine Affäre. Da haben Sie sich gut kennengelernt.«

»Ist das eine Frage?«

»Eher nicht«, sagt Claes Backe. »Vielleicht drücke ich es anders aus. Hatten Sie vor, die Beziehung zu intensivieren?«

»Das wäre schön gewesen, aber genau das wollte sie nicht. Im Gegenteil.«

»Im Gegenteil?«

»Ja.«

»Würden Sie uns das erklären?«

Justin windet sich. »Sie wollte Schluss machen.«

»Sophie wollte die Affäre beenden. Sie hingegen wollten die Beziehung intensivieren. Vielleicht sogar mit ihr zusammenleben. Kann man das so sagen?« Backe lässt Justin Zeit, die Frage mit einem Nicken zu beantworten. »Das muss eine große Enttäuschung für Sie gewesen sein. Sind Sie wütend geworden?«

»Na klar.«

»*Sehr* wütend?«

»Eher traurig.«

»Wer freut sich schon, wenn er einen Korb bekommt? Warum wollte Sophie eigentlich Schluss machen?«

»Was heißt wollte? Sie sagte, ihr Mann habe von unserer Affäre erfahren.«

Backe wirft Peter Halldén einen Blick zu, der ihn erröten lässt. »Das stimmt nicht«, murmelt er.

Backe wendet sich wieder Justin zu.

»Haben Sie Sophie Halldén ermordet, weil sie die Beziehung beenden wollte?«

»Ich habe sie nicht ermordet!«

Montgomery legt Sverker Justin eine Hand auf den Arm, als wolle er ihm Kraft einflößen.

»Erlauben Sie mir, noch einmal darauf hinzuweisen, dass die Tatwaffe, besagte Axt nämlich, bei Ihnen zu Hause gefunden wurde?«, beharrt Backe. »Sophies Blut klebte daran.«

»Was beweist das?«, bricht es aus Justin heraus. »Wieso hätte ich sie umbringen sollen?« Er stiert auf den Tisch.

»Sie sind Künstler und ein wenig eigenbrötlerisch. Leben Sie gerne allein im Wald?«

»Was tut der Wohnort meines Mandanten zur Sache?«, wendet Montgomery ein.

Bevor Jakobsson antworten kann, schlägt Claes Backe eine andere Richtung ein.

»Sie haben den gesamten Nachmittag und den Abend bei sich zu Hause verbracht. Auf ihrem Heimweg hat Sophie Sie noch ein Stück mitgenommen. Wieso?«

»Mein Benzin war alle«, spuckt Justin aus, ohne den Blick zu heben. »An der Tankstelle wollte ich den Kanister füllen.«

»Was ist dort passiert?«

»Sophie setzte mich ab, und als der Kanister voll war, verabschiedeten wir uns. Vor der Heimfahrt musste sie noch zur Toilette.«

»Und da wurde sie ermordet, mit einer Axt.«

Von Justin kommt ein leises: »Ja.«

»Sie verbringen den Abend mit Sophie Halldén. Sie teilt Ihnen mit, dass sie Ihre Affäre beenden will. Sie sind enttäuscht, Sie sind wütend, denn Sie würden gern mit ihr zusammenleben. Sophie bringt Sie zur Tankstelle und geht auf die Toilette. Dort wird sie später ermordet aufgefunden. Wo waren Sie, als sie das WC aufgesucht hat?«

»Ich bin nach Hause gegangen.«

»Gegangen? Zu Fuß? Ihr Haus ist ...«, Claes Backe zieht ein Blatt Papier aus einem der Stapel, »... fast sieben Kilometer von der Tankstelle entfernt.«

»Ich laufe gerne.«

»Das hoffe ich für Sie. Für den Weg brauchen Sie mindestens eine Stunde.«

»Ist das verboten?«

»Nein, ganz und gar nicht.«

»Sehen Sie«, sagt Justin selbstbewusst. »Es macht mich nicht zum Mörder.«

Backe wirft Justin einen müden Blick zu und wendet sich an Richter Jakobsson.

»Im Moment habe ich keine weiteren Fragen.«

»Vielen Dank, Herr Staatsanwalt. Verteidiger Montgomery?«

»Danke.« Montgomery prüft den Sitz seiner Krawatte. »Spazieren gehen ist nicht verboten, Sverker, und es macht Sie nicht zum Mörder. Die Polizei hat die Axt auf Ihrem Plumpsklo gefunden. Wissen Sie, wie sie dort hingelangt ist?«

»Keine Ahnung. Im Winter benutze ich das Plumpsklo nicht.«

»Wann haben Sie es zuletzt benutzt?«

»Das muss im Oktober gewesen sein«, antwortet Justin nach ein wenig Bedenkzeit, »vielleicht im November. Normalerweise nehme ich es im April wieder in Betrieb. Das spart Wasser.«

»Sie sagten, Sophie habe sich bei Ihnen umgezogen. Aus welchem Grund? Ging es so heftig zur Sache, dass sie saubere Kleidung benötigte?«

»Wohl kaum. Im Kostüm war ihr zu kalt. Im Winter sind es in meinem Haus höchstens fünfzehn oder sechzehn Grad.«

»Verstehe. Sophie wollte Ihre Affäre beenden, sagten Sie. Was haben Sie an dem Abend vereinbart?«

»Uns nicht mehr zu sehen. Sie sagte, es sei ihr letzter Besuch.«

»Warum hat sie Sie eigentlich an der Tankstelle abgesetzt?«

»Ich hatte kein Geld. Sie hat mir das Benzin bezahlt.«

»Sonst nichts?«

»Doch, Lebensmittel. Brot, Tiefkühlgerichte und ein Sixpack. Die Leute kaufen keine Kunst mehr.«

»Sie hat alles für Sie bezahlt, was Sie haben wollten? Habe ich das richtig verstanden? Dann hatten Sie doch gar keinen Grund, sie auszurauben. Sie hat Ihnen das Geld ja freiwillig gegeben.«

»Genau.«

Nun ist es an Montgomery, die Schöffen und den Richter anzusehen.

»Ich habe keine weiteren Fragen.«

»Aber ich«, sagt Claes Backe.

Montgomery seufzt demonstrativ und legt seinen Stift weg. Jakobsson wirft ihm einen strengen Blick zu. Backe beendet das Ritual.

»Sie sagten, bei Ihnen zu Hause sei es kalt. Was haben Sie für eine Heizung?«

»Im großen Zimmer steht ein Ofen und in der Küche ein alter Eisenherd.«

»Sie heizen also mit Holz?«

Nach einer kurzen Pause erwidert Justin: »Natürlich.«

»Ich nehme an, Sie hacken Ihr Brennholz selbst. Dann können Sie wahrscheinlich gut mit der Axt umgehen.«

Jetzt ist es eine Weile lang still. Backe wartet Justins Antwort nicht ab. »Danke. Keine weiteren Fragen.«

»Sollen wir uns kurz die Füße vertreten?«, fragt Jakobsson, nimmt die Brille ab und reibt sich den Nasenrücken. Er blickt die Schöffen rechts und links von ihm an, aber die wirken noch recht munter. »Wir machen noch ein bisschen weiter«, beschließt er und setzt die Brille wieder auf. »Rufen Sie den ersten Zeugen herein.«

Die Protokollführerin nickt eifrig und drückt auf die Sprechanlage. Ein schlaksiger junger Mann, dem die Jeans tief unter den Hüften hängt, wird durch eine Seitentür herein und bis an den leeren Tisch zwischen Staatsanwaltschaft und Verteidigung geführt. Bevor er sich setzen darf, fragt Richter Jakobsson:

»Sind Sie Carl-Arne Robin Forshag?«

»Robin.«

»Dann müssen Sie den Zeugeneid ablegen. Sprechen Sie mir nach.«

Robin wiederholt den Eid. Dann fordert Jakobsson ihn auf, Platz zu nehmen. »Gehen Sie ganz nah ans Mikrofon, damit wir Sie hören. Backe?«

»Danke. Robin, erzählen Sie uns bitte, was Sie machen.«

»Beruflich?«

»Genau.«

»Ich arbeite bei Statoil.«

»Bei der Statoil-Tankstelle im Cypressvägen. Teilzeit, nicht wahr?«

»Ja. Meistens abends. Da ist die Bezahlung besser.«

»Das kann ich mir vorstellen. Was haben Sie am Abend des dreiundzwanzigsten Dezember beobachtet?«

»Das ist ein bisschen kompliziert, aber ich habe die beiden kommen sehen …«

»Die beiden?«

Robin pustet sich die Haare aus der Stirn. »Ja. Die Frau, die umgebracht wurde, und ihn da.« Ohne auf ihn zu zeigen oder ihn anzusehen, macht er deutlich, wen er meint.

»Sverker Justin?«

»Sage ich doch.«

Backe unterdrückt ein Lächeln. »Wie können Sie so sicher sein, dass er es war?«

»Den kennt doch jeder.«

»Wie meinen Sie das?«

»Vielleicht nicht alle, aber … Er kauft immer bei der Tankstelle ein, oft kurz bevor wir schließen. Manchmal muss ich seinetwegen länger arbeiten.«

»Sie kennen ihn also?«

Robin Forshag muss lachen. »Nicht persönlich. Wir nennen ihn den Wanderer. Weil er immer zu Fuß geht.«

»Haben Sie ihn noch nie im Auto gesehen?«

»Hat er überhaupt eins?«

»Sie sahen die beiden also kommen. Erzählen Sie weiter.«

»Sie saß am Steuer. Ich glaube, sie sind noch ein bisschen sitzen geblieben, bevor sie ausstiegen. Nach einer Weile kamen sie herein und haben massenhaft Essen eingekauft. Sie hat alles bezahlt, auch den Benzinkanister, den er an Säule drei voll gemacht hat. Dann hat sie nach der Toilette gefragt. Sie gingen also hinaus, und ich sah, wie sie sich küssten. In dem gelblichen Licht sahen sie irgendwie krank aus. Wo sie dann hingegangen sind, weiß ich nicht.«

»Sie sagten, sie habe alles bezahlt. Wissen Sie noch, wie?«

»Bar. Daran erinnere ich mich. Die Leute bezahlen nicht oft mit einem Tausender.«

»Sie hatte also reichlich Bargeld bei sich.«

»Das kann man wohl sagen.«

»Wie spät war es da ungefähr?«

»Kurz nach zehn, höchstens Viertel nach.«

»Das wissen Sie so genau?«

»Ich habe die Zehn-Uhr-Nachrichten gehört, und danach wurde ein ätzendes Lied gespielt, so ein Hard-Rock-Song, und da habe ich das Radio abgeschaltet. Als die Musik aus war, habe ich sie gesehen.«

»Was ist dann passiert? Ich meine, nachdem sie sich draußen geküsst hatten.«

»Nichts. Der Wagen blieb stehen, aber das ist nicht ungewöhnlich.«

»Nein?«

»Die Leute parken oft an der Tankstelle, weil es nichts kostet oder weil sie von dort aus zusammen weiterfahren. Eine Zeitlang stand auch ein grüner Kombi da. Wie gesagt, das ist nichts Besonderes.«

»Sie waren also nicht erstaunt, dass ihr Wagen so lange dort stehen blieb?«

»Nein. An einer Tankstelle wundert man sich nicht über Autos.«

»Erzählen Sie weiter.«

»Dann ist nichts mehr passiert. Aber als ich abschließen und nach Hause gehen wollte, sah ich, dass die Klotür offen stand. Die ist hinten. Am Ende mache ich immer noch eine Runde ums Haus.«

»Wie spät war es da?«

»Wir schließen um Mitternacht.«

»Und?«

»Ich ging hinein, um das Licht auszumachen. Da habe ich sie bemerkt. Sie lag auf dem Fußboden in der Damentoilette. Es sah schlimm aus.«

»Das kann ich mir vorstellen. Was haben Sie da gemacht?«

»Gemacht? Ich habe natürlich die Polizei gerufen. Als die gegen eins endlich kam, habe ich den Polizisten erzählt, was ich gesehen habe. Als die fertig waren und der Rettungswagen die Leiche abgeholt hatte, bin ich nach Hause gegangen und habe mich hingelegt.«

»Sie sagten, Sie hätten gesehen, wie Justin die Frau küsste.«

»Na klar.«

»Sie haben sie also wiedererkannt, obwohl sie ermordet worden war und ...«

Backe findet nicht die richtigen Worte, aber Robin Forshag versteht ihn trotzdem.

»*Sie* war nicht wiederzuerkennen. Aber ihre Stiefel. Ich fand es sexy, wie sie die Jeans hineingesteckt hatte. Obwohl sie nicht mehr jung war.« Er läuft rot an. »Ich meine, als sie noch lebte.«

»Ich verstehe. Haben Sie auf der Toilette eigentlich auch die Axt gesehen, mit der sie ermordet wurde?«

»Nein, die ist mir nicht aufgefallen, aber ich stand total unter Schock.«

»Kein Wunder. Ich hoffe, Sie hatten jemanden zum Reden.« Backe wirft einen Blick auf seine Notizen. »Fällt Ihnen sonst noch etwas ein?«

»Was zum Beispiel?«

»Etwas Ungewöhnliches, jemand, der sich merkwürdig verhalten hat. Hat noch jemand nach der Toilette gefragt?«

Robin Forshag denkt kurz nach. »Nein, es war ein ruhiger Abend. Außergewöhnlich ruhig.«

Backe zupft wieder an seinem Revers. »Im Moment habe ich keine weiteren Fragen.«

Jakobsson gibt Montgomery grünes Licht. Der macht sich hastig eine Notiz, rückt seinen Krawattenknoten zurecht und wendet sich Robin Forshag zu.

»In der Voruntersuchung haben Sie gesagt, dass Sie bei der Tankstelle Überstunden machen, weil Sie das Geld brauchen. Wenn ich richtig verstanden habe, haben Sie Schulden.«

»Was hat das damit zu tun?«

»Spielschulden?«

»Na und?« Robin Forshag will noch etwas hinzufügen, aber Claes Backe kommt ihm zuvor.

»Das tut nichts zur Sache«, sagt er in Jakobssons Richtung. »Da Forshag nicht als Angeklagter, sondern als Zeuge geladen ist, braucht er seine Finanzen nicht offenzulegen.«

»Ich bin geneigt, dem Staatsanwalt zuzustimmen«, beschließt Jakobsson. »Fahren Sie fort.«

»Verzeihung.« Montgomery ist mit der Zurechtweisung nicht ganz einverstanden.

»Dann mache ich weiter. Haben Sie gesehen, wie Justin und Sophie Halldén auseinandergegangen sind?«

»Das habe ich doch schon gesagt. Sie küssten sich, und

dann ist sie zum Klo gegangen und er in eine andere Richtung verschwunden.«

»Da sind Sie sicher?«

»Was heißt sicher? Ich habe die beiden weggehen sehen.«

»Vorhin sagten Sie, Sie hätten nicht gesehen, wohin die beiden nach den Küssen gegangen seien.«

»Ich habe gesehen, wie sie sich getrennt haben und jeder in eine andere Richtung gegangen ist, aber ich weiß nicht, wo sie dann abgeblieben sind.«

»Sie wussten aber, dass Sophie Halldén zur Toilette ging.«

»Sie hat schließlich danach gefragt.«

»Sie sagten ebenfalls, es habe sich um einen außergewöhnlich ruhigen Abend gehandelt. Nachdem Justin gegangen war, waren Sie und Sophie Halldén also alleine an der Tankstelle?«

Forshag guckt ratlos, als würde ihm die Frage nicht einleuchten. Er bläst sich noch einmal die Haare aus den Augen. »Das nehme ich an.«

»Sie nehmen es an?«

»Na und? Später kamen noch Leute, aber nicht viele.«

»Viel später?«

Robin Forshag zögert, bevor er antwortet. »Das weiß ich nicht mehr.«

»Sie wissen es nicht mehr? An alles andere erinnern Sie sich ganz genau.«

»Kann ich etwas dafür?«

»Sie sagten, Sophie Halldén habe viel Geld bei sich gehabt«, sagt Tomas Montgomery. »Hatte sie mehr als den einen Tausender, mit dem sie bezahlt hat?«

»Mindestens zwei. Sie hat das Geld so umständlich aus

dem Portemonnaie gefummelt. Die Scheine waren gefaltet, damit sie hineinpassten.«

»Was haben Sie da gedacht?«

»Gedacht? Ich habe kassiert.«

»Haben Sie über das Geld nachgedacht? Sie hätten es gebrauchen können, oder nicht? Sie haben doch Schulden.«

»Worauf wollen Sie hinaus?« Robin Forshag wird laut.

»Es ist wieder so weit«, appelliert Backe an Jakobsson.

»Tomas, ich habe dich schon einmal gebeten«, sagt Jakobsson laut, »bei den Sachfragen zu bleiben. Forshag steht im Zeugenstand.«

»Verzeihung«, wiederholt Montgomery. Er greift mit beiden Händen nach seinem silbernen Füller und lächelt. »Keine weiteren Fragen.«

»Dann danken wir Robin Forshag, dass er sich die Zeit genommen hat, hierher zu kommen«, sagt Jakobsson würdevoll. »Hatten Sie Ausgaben?«

Richter Jakobsson überreicht Robin Forshag eine Bescheinigung über den Arbeitsausfall und die Reisekostenrückerstattung und erklärt ihm, wie er an sein Geld kommt. Montgomery blättert währenddessen in den Ermittlungsunterlagen. Er liest und ergänzt hin und wieder etwas.

Als Forshag mit seinen Quittungen den Gerichtssaal verlässt, wirft Jakobsson einen Blick auf die Armbanduhr. Er sieht zuerst die Zuschauer und dann die Schöffen an, die frische Luft zu brauchen scheinen.

»Ich schlage vor, wir machen eine kurze Pause, bevor wir den nächsten Zeugen hereinrufen. Ein Gerichtsmediziner wird am Telefon dabei sein.« Jakobsson beugt sich zur Protokollführerin hinüber: »Fünfzehn Minuten?«

Da blickt Montgomery von seinen Unterlagen hoch.

»Einen Augenblick.«

»Montgomery?«

»Ich habe noch ein paar Fragen.«

»Sollen wir Forshag wieder hereinrufen?« Jakobsson bedeutet der Protokollführerin, dass sie das Mikrofon einschalten soll.

»An Peter Halldén«, erwidert Montgomery.

Jakobsson blickt noch einmal auf die Uhr. Er wirkt gereizt. Wahrscheinlich hat er sich schon auf ein bisschen frische Luft und eine Tasse Kaffee gefreut.

»Na gut.«

»Danke. Mir ist noch etwas eingefallen, Peter. Sie sagten, Sie hätten Justin noch nie gesehen, aber Sie kannten ihn doch? Sie wussten, dass Ihre Frau eine Affäre mit ihm hatte. Oder etwa nicht?«

Halldén senkt den Blick und schüttelt langsam den Kopf. Dann sagt er ganz leise: »Ja.«

»Verzeihung?«

»Ich habe ›ja‹ gesagt.«

»Warum haben Sie das vorhin nicht erwähnt?«

Halldén blickt zunächst Montgomery und dann den Richter an. »Über so etwas redet man ungern.« Der Tweedanzug scheint ihm in der stickigen Luft zur Qual zu werden.

»Sie haben sich geschämt?«

»Wenn Sie so wollen.«

»Wie soll ich es sonst verstehen? Was fahren Sie eigentlich für ein Auto?«

»Einen Volvo V70.«

»In welcher Farbe?«

»Blau. Der Wagen ist vier Jahre alt.«

Montgomery geht nicht auf die Antwort ein. »Wussten Sie, wo Justin wohnt? Hat Sophie es Ihnen erzählt?«

»Ich glaube nicht.«

»Sie glauben nicht? Wenn man von seiner Ehefrau betrogen wird, muss man sich doch an so etwas erinnern.«

Montgomery wartet ab, bis er an Halldéns verkniffenem Gesicht ablesen kann, dass das Wort »betrogen« die beabsichtigte Wirkung erzielt hat.

»Es lässt sich jedenfalls leicht herausfinden, wo er wohnt.«

»Worauf wollen Sie hinaus?«, protestiert Halldén.

Er bekommt Unterstützung von Backe, der sich an Richter Jakobsson wendet. »Könnten wir uns auf das Wesentliche beschränken?«

»Die Sache ist wesentlich«, erwidert Montgomery rasch.

»Fahren Sie fort«, sagt Jakobsson trocken.

»Stimmt es, dass Sie Sophie aufgefordert haben, den Kontakt zu ihrem Liebhaber abzubrechen?«

»Was glauben Sie denn? Dass ich den beiden meinen Segen gebe?«, bricht es aus Peter Halldén heraus. »Selbstverständlich habe ich darauf bestanden, dass sie Schluss macht.«

»Regt Sie das auf?«, fragt Montgomery lächelnd.

»Jetzt beruhigen wir uns alle«, fällt Jakobsson ihm ins Wort. »Ich will hier kein Geschrei im Saal.«

Auch ohne Kaffee ist er plötzlich hellwach, und die Schöffen sind so gespannt wie Kinder am ersten Schultag.

»Verzeihung«, sagt Montgomery zum vierten Mal an diesem Vormittag. »Ich wollte Sie nicht so in Rage bringen. Es war nur eine Frage. Ich versuche, das Ganze zu verstehen. Hat Sophie Ihnen versprochen, Schluss zu machen?«

Halldén bemüht sich, ruhiger zu werden. »Nicht nur einmal.«

»Also mehrmals. Tatsächlich. Aber sie hat nicht Wort gehalten. Das muss Sie verletzt und vielleicht sogar rasend gemacht haben. Möglicherweise haben Sie sich auch, wie Sie es vorhin formulierten, dafür geschämt. Da ist noch etwas, das ich nicht verstehe. Sie sagten, Sie hätten Sophie nach der Landung einige Male angerufen, aber bei den Ermittlungen haben Sie das nicht erwähnt, und soweit ich sehe, hat Sophies Mobiltelefon nach Ihrem Anruf aus Heathrow keine weiteren Anrufe registriert.«

»Nein?«, fragt Halldén unsicher. »Und was beweist das?«

»Nichts. Ich finde es nur seltsam, dass Sie das behauptet haben. Außerdem frage ich mich, warum Sie nicht versucht haben, Ihre Frau zu erreichen, als sie bei Ihrer Rückkehr nicht zu Hause war.«

Peter Halldén benötigt ein wenig Bedenkzeit. »Eventuell habe ich das falsch in Erinnerung. Ich habe viel durchgemacht seit ... Sophies Tod. Vielleicht habe ich mich auch verwählt.«

Montgomery lächelt ihn an. »So könnte es natürlich gewesen sein. Lassen wir das. Ich war nur neugierig. Sie sind um zwanzig Uhr vierzig gelandet und waren ungefähr anderthalb Stunden später zu Hause. Fahren Sie auf dem Rückweg vom Flughafen nicht auch durch den Cypressvägen?«

»Ich habe ein Taxi genommen.«

»Wie auch immer. Fuhr das Taxi durch den Cypressvägen?«

»Möglich.« Halldén zuckt mit den Schultern. »Ich war so müde, dass ich vor mich hin gedöst habe.«

»Da es sich um eine Geschäftsreise handelte, haben Sie sicher eine Quittung verlangt. Da können wir ja den Fahrer nach der Strecke fragen. Etwas ganz anderes: Sie sagten, Sophie habe am Morgen Jeans angezogen, aber laut Justin zog sie sich bei ihm zu Hause um, weil ihr kalt war. Und Forshag hat bestätigt, dass sie an der Tankstelle Jeans trug.«

»Vielleicht lügt Justin. Haben Sie darüber schon einmal nachgedacht?« Halldén versucht, sich zusammenzureißen. »Er soll doch hier verurteilt werden!«

»Ich bitte um Ruhe!«, mischt Jakobsson sich ein.

»Wieso sollte er denn lügen?«, fragt Montgomery. »Das verstehe ich nicht. Im Übrigen lag das Kostüm Ihrer Frau im Auto.« Er macht eine Pause und blickt der Reihe nach die Schöffen und den Richter an, bevor er sich wieder Halldén zuwendet. »Ich glaube, Sie haben Ihre Frau erst auf der Toilette in Jeans gesehen.«

»Das ist nicht wahr!«

Nun brüllt auch Jakobsson. »Ruhe im Saal!«

Die Schöffen rutschen unruhig hin und her und verfolgen atemlos das Drama, das sich vor ihren Augen abspielt. Auch die Zuschauer sitzen mucksmäuschenstill und angespannt da.

»Verzeihung, Sie haben natürlich recht«, sagt Montgomery in besänftigendem Ton. Er setzt Kunstpausen genauso wirkungsvoll ein wie Backe. »Sie haben Ihre Frau bereits in Jeans gesehen, als Sie im Taxi an der Tankstelle vorbeikamen.«

Halldén starrt ihn mit offenem Mund an. Er will gerade etwas erwidern, als er im Augenwinkel Jakobssons erhobene Hand erblickt.

»Ich glaube, dass Sie vom Taxi aus gesehen haben, wie Sophie und Justin aus dem Auto stiegen«, sagt Montgomery langsam, als wollte er Halldén Zeit geben, den Sinn seiner

Worte zu begreifen. »Sophie hatte zum wiederholten Mal versprochen, Schluss zu machen. Während die beiden den Kanister füllten und drinnen einkauften, fuhren Sie im Taxi nach Hause und kehrten mit Ihrem eigenen Wagen zurück. Da es eilte, schnappten Sie sich die erstbeste Waffe, eine Axt. Sie kamen gerade rechtzeitig, um mitzuerleben, wie die beiden sich küssten und auseinandergingen. Das machte Sie rasend vor Zorn. Blind vor Scham und Eifersucht folgten Sie Sophie auf die Toilette und erschlugen sie. Das Geld nahmen Sie aus ihrer Brieftasche, um den Verdacht auf Justin zu lenken. Aus demselben Grund sind Sie auch zu Justins Grundstück gefahren und haben die Axt auf seinem Plumpsklo versteckt. Sie wussten, dass die Zeit reichte, denn Sie hatten ihn mit dem Kanister und den Lebensmitteln zu Fuß losgehen sehen.«

Peter Halldén ist in sich zusammengesackt. Kraftlos schüttelt er den Kopf: »Das ist doch krank … vollkommen krank … als würde ich …«

»Wir haben ja gehört, dass Ihr Wagen im Laufe des Abends an der Tankstelle gesehen wurde.«

Halldén richtet sich triumphierend auf. »Haben wir nicht! Der Typ von der Tankstelle hat ein grünes Auto gesehen. Meins ist blau!«

Montgomery legt den silbernen Füllfederhalter ab und lehnt sich zurück. »Stimmt. Es ist blau. Aber Forshag hat auch gesagt, dass das Licht an der Tankstelle gelb ist. Und was ergibt gelb und blau?«

Peter Halldén antwortet nicht.

Aus dem Schwedischen von Katrin Frey

Åke Edwardson

Als der Schnee fiel

Er stand ganz ruhig am Fenster. Draußen schneite es still. Alles war still. Wenn nicht ... dachte er, brach jedoch mitten im Gedanken ab. Aber nicht er selbst unterbrach sich. Sie war es. Immer war es sie.

»Christian? Was tust du? Christian? Wo bist du? Christian?«

Er antwortete nicht. Vor dem Fenster fiel der Schnee. Es sah so friedlich aus. Kalt war es, aber friedlich. Er sehnte sich hinaus, wünschte, in diesem Moment draußen zu stehen. Sich den Schnee auf Kopf und Schultern fallen zu lassen. Friede. Der Frieden eines Schneemannes.

»CHRISTIAN!«

»Was ist denn?« Er drehte sich um.

»Wieso fragst du das? Ich habe dich gerufen!«

»Du weißt doch, dass ich hier bin, oder?«

»Was redest du da? Du weißt doch ... woher soll ich denn wissen, dass du hier bist? Du könntest schließlich sonst wo im Haus sein. Oder? Woher soll ich wissen, dass du im Wohnzimmer stehst?«

»Jetzt hast du mich ja gefunden«, sagte er.

»Was meinst du damit?«

»Ich meine nur, dass du ins Wohnzimmer gerollt bist, ohne dass ich geantwortet habe. Dann hast du doch gewusst, dass ich hier bin, oder?«

»Ich finde es unerträglich, wenn du dieses Wort benutzt, Christian.«

»Welches Wort?«

»Dass ich gerollt bin. Ich mag es nicht, wenn du so redest.«

»Was ist denn daran so schlimm?«

»Nur weil ich im Rollstuhl sitze, brauchst du nicht so herablassend mit mir zu reden.«

»Ich war doch nicht herablassend.«

»Ach nein? Wie soll man es denn sonst nennen?«

»Was wie nennen?«

»Siehst du. Schon wieder bist du herablassend. Und du betonst die Wörter.«

Er schwieg.

»Ich begreife nicht, wie du es fertigbringst, im Haus herumzuschleichen, ohne mit mir zu sprechen«, sagte sie.

»Was wolltest du?«, fragte er.

»Was?«

»Was wolltest du? Hast du mich im ganzen Haus gesucht, obwohl du wusstest, dass ich hier bin? Also, was willst du?«

»Spricht man in diesem Ton mit seiner Schwester? Hast du denn gar keinen Anstand? Nein, das hast du nicht, Christian. Keinen Anstand.«

Er blieb stumm.

»Schon wieder antwortest du nicht. Du weißt es. Du weißt, dass ich recht habe.«

Sie starrte ihn mit ihren kleinen Augen an, die manchmal

wie Kohle glühten. Dann sah sie aus wie die Schwester des Teufels. Aber ich bin nicht der Teufel, dachte er. Und sie ist nicht meine Schwester. Sie ist schon lange nicht mehr meine Schwester. Sie war es noch nie.

Er drehte sich wieder zum Fenster um. Draußen fiel der Schnee, er fiel und fiel und fiel. Der Schnee fällt, und wir fallen auch, dachte er. Der Schnee wird uns begraben.

»Hast du eigentlich schon bemerkt, dass es schneit?«, fragte sie.

Er schwieg.

»Bald wird uns der Schnee begraben«, sagte sie.

Er zuckte zusammen.

»Was ist?«, fragte sie.

»Ni... nichts.«

»Jetzt schneit es schon seit Stunden«, sagte sie. »Seit Stunden schneit es wie verrückt, und du stehst bloß herum und glotzt die Katastrophe an. Ist es das, was du willst? Dass der Schnee die ganze Treppe bedeckt? Das ganze Haus? Willst du das? Sollen wir hier drinnen ersticken?«

Er antwortete nicht.

»Willst du das, Christian? Ich glaube, genau das willst du.«

»Warum sollte ich mir wünschen, dass der Schnee das Haus begräbt und uns erstickt?«, fragte er.

Diesmal blieb sie stumm.

»Warum um Gottes willen sollte ich das wollen?«

»Du darfst seinen Namen nicht unnütz gebrauchen.«

»Hab ich doch gar nicht«, sagte er.

»Meinst du damit, ich hätte es getan?«, sagte sie. »Habe ich seinen Namen etwa unnütz gebraucht?«

»Herr im Himmel«, sagte er.

»Wenn du so weitermachst, wird der ganze Himmel über uns einstürzen«, sagte sie.

»Es hat den Anschein, als sei er schon auf dem besten Weg dazu«, sagte er und schaute wieder aus dem Fenster.

»Du findest das Ganze wohl auch noch witzig«, sagte sie. »So ist es. Du findest es lustig. Du willst, dass wir ersticken.«

»Na klar«, sagte er. »Das wäre schön. Das wäre wirklich schön, endlich mal eine Abwechslung in diesem Haus.«

»Darüber reißt man keine Witze«, sagte sie. »Es ist furchtbar!«

»Spielt es überhaupt eine Rolle, was ich sage?«

»Statt die ganze Zeit zu reden, solltest du vielleicht endlich etwas dagegen unternehmen«, sagte sie.

»Wogegen etwas unternehmen?«

»Geh raus und schaufle den Schnee von der Treppe!«, sagte sie. »Schipp die Treppe vor der Tür frei! Muss ich dir das wirklich erklären? Muss ich dich im ganzen Haus suchen, um dir eine derartige Selbstverständlichkeit zu erklären?«

Er antwortete nicht. Den Schnee wegzuschippen war genauso sinnlos, wie weiter mit ihr zu sprechen. Es wurde nur immer komplizierter und nahm kein Ende.

»Meinst du vielleicht, *ich* sollte es machen?«, fragte sie.

»Ich geh ja schon.« Er entfernte sich vom Fenster.

»Vielleicht wäre es dir ja lieber, dass ich Schnee schippe? Vom Rollstuhl aus? Du hättest es wohl gern, dass ich das ganze Grundstück frei schippe, wenn ich schon einmal dabei bin? Und die Straße noch dazu? Das würde dir wohl gefallen, was? Dass ich die ganze Stadt frei schippe!«

»Dann können sie sich die Schneeräumung sparen«, sagte

er. »Du könntest das alles in die Hand nehmen. Die brauchen dich nur anzurufen.«

Und ein Fahrzeug hast du ja schon, dachte er. Du bekommst Rollstuhlreifen mit Spikes, und schon kann's losgehen.

»Du bist boshaft«, sagte sie.

»Was für ein Glück, dass wenigstens du so nett bist.«

»Stell dir vor, unsere Eltern wüssten, wie gemein du zu mir bist«, fuhr sie fort, ohne ihm zuzuhören.

Sie hörte nie zu. Sie kapierte nie etwas. Daran war nicht der Unfall schuld. So war sie immer gewesen. Alles war schon immer so gewesen, und es würde immer so weitergehen. Er würde niemals von hier wegkommen, nicht aus dem Haus, nicht aus der Stadt. Es lag nicht an seinen Beinen, er könnte weggehen auf seinen Beinen. Es war etwas anders, etwas, das er selber nicht verstand. Irgendetwas hielt ihn zurück. Etwas wie der Schnee da draußen, etwas, das ihn zu Boden drückte.

»Ich geh raus und schippe Schnee«, sagte er.

Der Schnee umgab das Haus wie eine zusätzliche Wand und ein zweites Dach. Er musste alle Kraft aufwenden, um die Tür zu öffnen. Sie hatte recht gehabt. Hätte er noch eine weitere Stunde gewartet, dann wären sie im Haus gefangen, vollständig eingeschneit gewesen. Bevor er hinausging, hatte er die Wettervorhersage der Abendnachrichten angesehen: Für die kommenden Tage war mehr Schnee angekündigt worden. Aber »angekündigt« war nicht das richtige Wort, »angedroht« passte besser. Für die ganze kommende Woche wurde ihnen Schnee angedroht.

Ein Alptraum.

Sogar die Stadt wird verschwinden, dachte er. Er betrachtete die Schneeschaufel, die er in der Hand hielt. Sie sah lächerlich aus, wie ein Spielzeugspaten, mit dem er einen Berg wegschaffen wollte.

Er begann zu schaufeln. An der Oberfläche war der Schnee locker, aber je tiefer er kam, umso schwerer wurde der Schnee. Als er die Tür frei geschaufelt hatte, lag auf der Veranda schon wieder eine neue Schicht. Er spürte den Schweiß unter der Mütze und im Nacken. Es ist sinnlos, dachte er. Alles ist sinnlos. Er richtete sich auf und lauschte.

Aber er hörte keine Schneeräumfahrzeuge, Autos oder Traktoren. Er hörte gar nichts. Es war, als hätte sich der Schnee auf alle Geräusche gelegt. Wenn es überhaupt Geräusche gab. Der Gemeindeverwaltung war vermutlich klar geworden, dass es sinnlos war, die Schneeräumer hinauszuschicken. Es wäre eine Sisyphusarbeit, den Schnee wegzuschaffen. Wie alle Arbeit, dachte er. Man konnte sich bemühen, die Haufen wegzuschaufeln, die sich vor einem auftürmten, es würden sich trotzdem immer wieder neue bilden. Es nahm nie ein Ende. Es würde nie ein Ende nehmen. Schließlich hat sich der Himmel über uns geöffnet. Im vergangenen Sommer hat es wochenlang ohne Ende geregnet, und wir sind fast ersoffen. Jetzt werden wir erstickt. Es ist dasselbe.

Er lehnte die Schaufel gegen die Wand und wischte sich den Schnee von Schultern und Kopf, öffnete die Tür und betrat den Vorraum.

Dort wartete sie.

»Bist du schon fertig?«

»Es hat keinen Sinn«, sagte er.

»Das sieht dir ähnlich.«

»Was meinst du damit?«

»Du gibst auf, bevor du überhaupt angefangen hast.«

»Wenn du draußen gewesen wärst, könntest du es verstehen«, sagte er.

»Wie soll ich das denn anstellen?«, fragte sie. »Soll ich etwa mit dem Rollstuhl raus und Schnee schippen?« Sie lächelte ihr boshaftes Lächeln. »Das würde einen feinen Eindruck machen. Du sitzt hier drinnen herum, und deine behinderte Schwester darf sich um die Schneeräumung kümmern. Wenn jemand vorbeikäme und das sähe, würde er die Presse informieren, und morgen stünde es auf der ersten Seite in der Zeitung.«

»Dann würdest du ja berühmt werden«, sagte er.

»Schon wieder machst du dich lustig«, sagte sie. »Du bist wirklich schrecklich.«

»Was soll ich denn noch machen? Die Tür habe ich einigermaßen frei geschippt. Mehr können wir im Augenblick nicht tun. Es schneit ja immer noch wie verrückt.«

»Du könntest wenigstens nachschauen, ob die Straße geräumt ist«, sagte sie. »Stell dir vor, wenn der Krankenwagen nicht durchkommt.«

»Welcher Krankenwagen? Was sollen wir mit einem Krankenwagen?«

»Man kann ja nie wissen«, sagte sie. »Plötzlich braucht man einen.«

Plötzlich braucht man einen Leichenwagen, dachte er.

Sie sah aus, als könnte sie seine Gedanken lesen, als könnte sie geradewegs in sein Gehirn schauen. Das war vielleicht das Schlimmste. Aber sie drang niemals ein. So nah war sie ihm nie gekommen. Das hatte er nicht zugelassen.

»Das möchtest du wohl«, sagte sie.

»Was möchte ich?«

»Dass ein Krankenwagen vorfahren muss, aber nicht durchkommt.«

Er antwortete nicht. Inzwischen hatte er Stiefel und Jacke ausgezogen und die Mütze abgelegt. Der Fußboden war nass.

»Nun guck dir mal den See auf dem Fußboden an«, sagte sie. »Willst du ihn nicht aufwischen?«

»Ich bin doch gerade erst hereingekommen.«

»Du brauchst nicht so zu schreien. Ich bin nicht taub. Ich bin lahm, aber nicht taub. Du glaubst wohl, wenn jemand eine Behinderung hat, hat er auch gleich alle anderen möglichen Behinderungen.«

Er ging in Richtung Küche.

»Wo willst du jetzt hin?«

»Ich rufe wegen der Schneeräumung an. Das sollte ich doch?«

Sie antwortete nicht.

Jetzt war er in der Küche. Er zog das Telefonbuch aus dem Bord unter der Arbeitsplatte hervor und suchte die Telefonnummer der Gemeindeverwaltung, hob den Telefonhörer ab und wählte. Dann wartete er.

Als er zurückkam, stand ihr Rollstuhl noch an derselben Stelle, und sie starrte den nassen Fleck auf dem Fußboden an, als könnte sie ihn mit Blicken aufwischen.

»Alle Leitungen sind besetzt«, sagte er. »Sie fordern uns auf, nicht anzurufen. Jetzt haben wir die Katastrophe.«

»Was für eine Katastrophe?«

»Die Schneekatastrophe natürlich. Was sollte es sonst sein?« Sie antwortete nicht. Plötzlich rollte sie davon.

Er hörte Geräusche aus der Küche. Offenbar versuchte sie jetzt selbst anzurufen.

Sie kam zurück.

»Na, hatte ich recht?«

»Wie sollen wir was zu essen kriegen?«, fragte sie.

»Es ist noch etwas in der Tiefkühltruhe.«

»Das ist ja genau der richtige Ort.«

»Für ein paar Tage reicht es.«

»Und dann?«

»Was und dann?«

»Und wie soll es weitergehen nach den paar Tagen?«

»Dann ist es vorbei«, sagte er. »Dann ist wieder alles normal.«

»Was ist dann normal?«

»Das Leben natürlich.«

Sie antwortete nicht. Er schaute aus dem Fenster. Der Schnee fiel. Schon seit Stunden war es Abend. Und es würde viele lange Stunden dauern, ehe es wieder hell wurde, und das auch nur für kurze Zeit. Wenn es weiter so schneite, würde der Schnee bald bis zu den Fenstern und höher reichen. So wird es kommen. Jetzt glaubte er es.

Plötzlich wurde es dunkel im Raum.

»Was ist passiert!?«

»Es ist nur der Strom. Er ist ausgefallen.«

»Nur!? Das nennst du nur!?«

»Der kommt schon wieder«, sagte er.

»Du musst anrufen. Du musst den Stromlieferanten oder wie das heißt anrufen und fragen.«

»Das hat im Augenblick keinen Sinn. Wenn die Leitungen vorher schon überlastet waren, sind sie es jetzt erst recht.«

»Aber was sollen wir denn machen?«

»Wir können nur warten.«

»Warten!? Du willst einfach nur warten!? Auf den Tod warten, oder was!? Ist es das, was du willst? Offenbar schon!«

Das Handy war tot. Die Kommunikation mit der Außenwelt war unterbrochen. Die Außenwelt ist tot, dachte er. Er hatte auf Geräusche von draußen gelauscht, aber dort herrschte Stille. Alle warten. Vielleicht war es so, wie sie gesagt hatte. Alle warten auf den Tod.

Er war im Haus herumgegangen und hatte ein paar Kerzen in Leuchtern angesteckt, die sie nach Weihnachten noch nicht weggeräumt hatten. Im Wohnzimmer gab es eine alte Öllampe, die jetzt warmes Licht verbreitete, aber es wärmte nicht. Langsam wurde es kalt im Haus. Er hatte eine Strickjacke übergezogen.

Sie saß vor der Lampe wie vor einem Lagerfeuer.

Sie schaute auf.

»Und was machst du jetzt?«

»Wie meinst du das?«

»Was willst du dagegen unternehmen?« Sie machte eine Handbewegung, die alles erfasste, das Zimmer, das Haus, die Fenster, die Kälte, die Dunkelheit und die Schatten. »Willst du weiter nur herumstehen?«

»Was soll ich denn tun?«

»Irgendwas, alles ist besser, als bloß herumzustehen.«

»Wir müssen abwarten«, sagte er.

»Auf was sollen wir denn warten?«

Er antwortete nicht.

»Willst du nicht weiter Schnee schippen?«, fragte sie.

»Es hat keinen Sinn.«

»Wenn du die Tür nicht frei schippst, kommen wir wirklich nie mehr von hier weg«, sagte sie. »Aber vielleicht willst du ja genau das.« Sie sah ihn an und zeigte zum Fenster. »Jetzt reicht der Schnee schon bis über das Fenstersims. Bald bekommen wir die Tür nicht mehr auf. Und dann sind wir hier drinnen gefangen. Dann ist es aus mit uns.«

Er schaute zum Fenster und ging hin. Der Schnee war wie eine Wand, er bedeckte die Fensterscheiben. Er konnte nicht länger in das Weiß hinaussehen. Die ganze Welt war weiß. Weiß ist die Farbe des Todes, dachte er. Er warf ihr über die Schulter einen Blick zu. Sie starrte in das Lampenlicht. Dann sah sie auf.

»Willst du wirklich nichts tun? Willst du nicht endlich etwas unternehmen!?«

»Ja, ja, dann gehe ich eben raus.«

Er musste sich genau wie beim ersten Mal anstrengen, um die Tür zu öffnen. Draußen sah es aus, als wäre noch nicht einmal geschippt, der Schnee reichte bereits fast bis zum Verandageländer.

Er begann, den Schnee vor der Tür wegzuschippen, und schaufelte einen schmalen Pfad zur Treppe, der wie ein hoher Gang wirkte.

Er spürte wieder den Schweiß auf der Haut. Das tat ihm gut. Er konnte sich bewegen. Er konnte draußen sein, die frische Luft in Nase und Hals spüren. Er konnte ... er konnte weggehen.

Weggehen.

Er drehte sich um. Vor der Tür lag der Schnee schon wieder ziemlich hoch. In einer Stunde würde er den unteren Teil der Tür bedecken.

In zwei Stunden würde die Tür bis zur halben Höhe eingeschneit sein.

Er schaufelte. Jetzt stand er auf der obersten Treppenstufe. Er schaufelte weiter, es war, als würden seine Arme aus eigenem Antrieb ohne Kontakt zu seinem Gehirn arbeiten. Seine Beine schienen sich automatisch zu bewegen.

Jetzt hatte er die Treppe freigelegt, es gab einen Weg hinunter.

Es gab einen Weg, der von hier fort führte.

Er machte ein paar Schritte im Schnee. Schritt für Schritt, er pflügte durch einen halben Meter hohen Schnee, der ihm fast bis zu den Schenkeln reichte.

Aber es war ein Weg, der von hier weg führte. Für immer. Ein Weg für immer von hier fort. Er lag vor ihm, weiß, wie Schnee nun einmal ist. Unberührt. Er konnte ihn benutzen, und niemand würde ihn daran hindern, zu gehen.

Er drehte sich um.

Hinter einem Fenster flackerte Licht. Es war das Wohnzimmer. Die Flamme warf Schatten, als würde sich jemand im Zimmer bewegen.

Er begann wieder zu schippen.

Schippen, schippen.

Sein Körper war schweißbedeckt.

Er war auf dem Weg. Er war unterwegs!

Bald würde er die Straße erreichen. Keine Straßenlaterne brannte. Es war totenstill. Keine Schneeräumfahrzeuge, die durch die Nacht dröhnten. Es gab nur ihn und seine Schaufel. Christian, der dabei war, sich einen Weg von hier fort zu schaufeln, um Hilfe zu holen. So würde es aussehen. So sollte es interpretiert werden. Endlich hatte der Bruder etwas unternommen, hatte versucht, von hier weg zu kommen, um Hilfe für seine behinderte Schwester zu holen. Was hätte er sonst tun sollen? Er hatte keine andere Wahl.

Er tat das Richtige.

Er drehte sich um.

Im Wohnzimmer flackerte das Licht. Es würde flackern, bis das Öl verbraucht war. Dann würde es dunkel werden und noch kälter.

Und dann würde es unmöglich sein, ins Haus zurückzukehren.

Oder herauszukommen. Was hatte sie gesagt? »Wenn du die Tür nicht frei schippst, kommen wir wirklich nie mehr von hier weg.« Das hatte sie gesagt. »Aber vielleicht willst du ja genau das«, hatte sie gesagt.

Ja. Ja! Genau das wollte er. Er wollte, dass sie das Haus nie mehr verlassen konnte. Es würde genau so kommen, wie sie gesagt hatte. Es waren die einzigen wahren Wort, die sie gesagt hatte.

Er schippte weiter, schippen, schippen! Jetzt hatte er die Straße fast erreicht. Er drehte sich um. Der Wind hatte zugenommen und den Schnee hinter ihm zu Wehen aufgetürmt, als hätte er dort nicht eben noch mit seiner Schaufel gearbeitet. Es war eine Sisyphusarbeit. Der freigelegte Weg war verschwunden. Er konnte ihn kaum noch erkennen. Schnee wirbelte um das Haus, es war eingehüllt in Weiß. Ein Leichentuch, dachte er. Das passt gut.

Er machte sich wieder an die Arbeit. Noch ein paar Schaufeln voll Schnee, und er war auf der Straße. Er wäre gerettet.

Wenn es ihm nur gelang, das Grundstück zu verlassen, dann wäre er frei.

Jetzt. Jetzt musste er außerhalb der Grundstücksgrenzen sein. Er konnte die Straße nicht sehen, er konnte überhaupt nichts mehr sehen. Aber er musste auf der Straße stehen. Er hatte so lange geschuftet. Vom Haus nahm er nur noch eine Kontur wahr, wenn es überhaupt das Haus war. Ha! Vielleicht rief sie in diesem Moment nach ihm. Bereit, eine weitere Boshaftigkeit auszuspucken. Ha! Sie konnte bis in alle Ewigkeit da drinnen sitzen und warten. Er war frei. Frei! Er stützte sich auf die Schaufel. Sie hatte ihm den Weg vom Haus weg ermöglicht, wie ein Fahrzeug, ein Schneeräumfahrzeug. Jetzt musste er nur weiter bis zur Stadt hinunter schippen. Aber er hatte es nicht eilig. Jetzt war nichts mehr eilig.

Der Schnee war jetzt sein Freund, sein weißer Freund. Er fiel und fiel, und er war ihm willkommen. Der Schnee hatte ihn befreit. Allein hätte er es nie geschafft, sich zu retten. Er streckte eine Hand aus und spürte den Schnee auf den Fingern. Die Handschuhe hatte er ausgezogen. Seine Hände waren warm genug. Er hob das Gesicht und spürte den weichen Schnee auf Augenlidern, Nase, Mund. Er legte die Schaufel hin und setzte sich darauf. Er wollte sich nur ein wenig ausruhen. Er hatte alle Zeit der Welt. Ihm war warm. Er war frei. Er spürte einen großen Frieden im ganzen Körper. Und er fühlte, wie müde er war nach all der Arbeit. Doch jetzt war es keine Arbeit für alle Ewigkeit mehr. Er wollte sich nur ein Weilchen ausruhen, und dann würde er weitermachen. Nur ein paar Minuten, und er würde weiterschaufeln. Er schloss die Augen.

Aus dem Schwedischen von Angelika Kutsch

Kjell Eriksson

Weihnachtsüberraschung

Eines Tages, kurz vor Weihnachten, betrat Patricia Darling das »Locus«. Es war noch früh am Abend, im Fernsehen liefen die Sechs-Uhr-Nachrichten und die Theke war leer. Måns Seger, der gerade den Kühlschrank auffüllte, blickte auf.

Patricia Darling stellte sich ganz dicht an den Tresen, als müsste sie sich daran stützen. Måns stellte eine Flasche Mineralwasser auf dem Boden ab. Für diese Frau könnte ich glatt sterben, dachte er und erhob sich.

»Einen Bowmore«, sagte sie ohne Zögern.

Måns drehte sich um, griff nach der Flasche, der dritten von links im zweiten Regal von oben, ohne den Blick von ihr zu wenden. Die Schneeflocken auf ihrem dunklen Haar ließen ihn an Mousse au Chocolat mit Puderzucker denken.

»Einen Doppelten.«

»Eis?«

Sie schüttelte den Kopf und schlüpfte gleichzeitig mit einer geschmeidigen Bewegung aus ihrer kurzen Jacke. Måns goss den Whisky ein. Es wurde ein Dreifacher. Er wollte etwas sagen, irgendetwas Schlaues, aber ihm fiel einfach nichts ein. Immerhin war er routiniert genug, nicht vor ihr stehen zu bleiben, und er räumte weiter Mineralwasser und Bier in den Kühlschrank.

Hinter sich hörte er die Frau einmal kurz schnauben, und er ahnte, dass sie an ihrem Whisky geschnuppert hatte. Er registrierte, wie das Glas auf den Tresen gestellt wurde, dann das Geräusch eines Feuerzeugs und wie sie genüsslich den ersten Zug nahm.

Jetzt hatte sie es sich also gemütlich gemacht. Måns schob die leeren Kartons mit den Füßen zusammen und warf ihr einen schnellen Seitenblick zu, den sie erwiderte – nicht direkt abweisend, aber Måns konnte auch nichts darin entdecken, was als Ermutigung zum Gespräch hätte verstanden werden können.

Er lächelte die Frau an, sammelte die Verpackungen zusammen und verschwand im hinteren Bereich des Lokals. Doch als er zurückkam – es hatte nicht länger als fünfzehn Sekunden gedauert –, war die Frau verschwunden. Auf dem Tresen lagen zweihundert Kronen und eine zerknüllte Packung Marlboro.

Zögernd nahm Måns die Scheine, betrachtete sie und warf sie dann in die Trinkgelddose. Die Zigarettenschachtel schmiss er in den Papierkorb. Er sah zur Tür, so als erwartete er, dass sie jeden Moment wieder ins »Locus« kommen würde. Er war überzeugt, sie noch nie zuvor gesehen zu haben, daran hätte er sich erinnert. Er bereute es, die Bar verlassen zu haben, und schlug wütend mit der Hand auf den Tresen. Jetzt war sie fort, und das bestimmt für immer.

Als wäre ein Gespenst in der Kneipe gewesen, als wäre es herein geschwebt und wieder hinaus, und hätte dabei einen schwachen Parfumduft hinterlassen. Måns bückte sich und holte die Zigarettenschachtel wieder aus dem Mülleimer, aber sie roch nur nach Tabak.

Er versuchte, sich ihr Bild noch einmal zu vergegenwärtigen. Das dunkle Haar, zu zwei strammen Zöpfen geflochten, mit einem kerzengeraden Mittelscheitel, der schlanke und dennoch üppige Körper, mit den bloßen Armen unter der Jacke, braungebrannt und mit einem Tattoo auf der einen Schulter. Trug sie Ringe? Er war unsicher, beschloss dann aber, dass sie Handschuhe angehabt hatte.

Woher kam sie? Er tippte auf Karibik. Sie sprach gut Schwedisch, ohne den geringsten Akzent. Plötzlich musste Måns grinsen. »Gut Schwedisch«... sie hatte insgesamt vier Worte gesagt und ihn ansonsten mit einem Nicken und einem Blick bedacht.

Am Boden des Glases schimmerte es bernsteingelb, und einen Moment lang war Måns versucht, die letzten Tropfen auszulecken. Reiß dich zusammen, dachte er und stellte das Glas in die Spülmaschine.

Zum Spaß malte er sich aus, er müsste der Polizei eine Beschreibung der Frau geben. Er schloss die Augen. Das würde er hinbekommen, sie stand ganz deutlich vor seinem inneren Auge.

Seit fünfzehn Jahren arbeitete Måns Seger nun schon hinterm Tresen, hatte Bekannte und manchmal sogar Freunde unter den Tausenden von Gästen gefunden, die hier vorbeikamen. Doch nur wenige hatten bei ihm so einen Eindruck hinterlassen.

Während er die Eiswürfel auffüllte und nachsah, ob noch genug Moosbeerensaft, frische Zitronen und Limetten da waren, überlegte er, warum eigentlich. Ihre Schönheit, sicher, sie war eine der schönsten Frauen, die er je gesehen hatte, aber da war noch etwas.

Nachdem er die Kerzen auf den Tischen angezündet und den Tresen und die Hähne abgewischt hatte, fiel ihm ein, was es war. Es war die Angst. Die Frau war sich ihrer Wirkung auf andere sehr wohl bewusst, aber hinter der selbstsicheren Haltung und der spöttischen Nonchalance, die sie nach außen zeigte, steckte Angst.

»Mir machst du nichts vor«, murmelte er zufrieden. Er ließ seiner Fantasie die Zügel schießen und stellte sich vor, dass sie verfolgt wurde und nur in die Bar geschlichen war, um einen Moment Atem zu holen, sich mit einem Drink zu stärken und dann gleich wieder davonzustürzen.

Seine Zufriedenheit verwandelte sich in Verdrossenheit, denn wenn sie ihn auch ganz und gar durcheinandergebracht hatte – was bedeutete er ihr schon? Ein Barkeeper war ihr doch sicher völlig gleichgültig. Wahrscheinlich konnte sie sich nicht mal erinnern, ob er blond oder dunkelhaarig war, blaue oder braune Augen hatte. Während sie wieder durch Uppsalas Straßen hastete, war er nur noch irgendein dahergelaufener Barmann, der ihr einen Drink serviert hatte. Er konnte sein, wer er wollte, anonym, namenlos, jemand, an dem man vorbeigeht, unterwegs zu interessanteren Dingen.

Je mehr Måns über die Frau nachdachte, desto bedrückter wurde er. Erst hatte ihn ihr kurzer Besuch in Hochstimmung versetzt, aber jetzt war er nur noch deprimiert. Eine ungewöhnliche Stimmung bei ihm, denn normalerweise ließ er sich nicht so leicht von den Begegnungen am Tresen beeinflussen. Er wusste, dass er ihr nicht hinterhertrauern durfte, sonst konnte er seinen Job nicht mehr ordentlich machen. Niemand möchte von einem schwermütigen Barkeeper bedient werden.

Måns schaute auf die Uhr. Noch sieben Stunden bis Feierabend. Er wischte die Espressomaschine sauber, füllte die Gläser mit Rohrzucker auf und stapelte noch ein paar Tassen. Dann schaltete er den Fernseher aus, in dem gerade in einer Kochsendung demonstriert wurde, wie man den traditionellen Weihnachtsschinken zubereitet.

Da ging die Tür wieder auf. Sie war es. In der einen Hand hatte sie einen schwarzen Müllsack.

»Kannst du den eine Weile für mich aufbewahren?«, fragte sie ohne Umschweife. Ihre Stimme verriet, dass sie wusste, er würde nicht nein sagen, und noch bevor er etwas antworten konnte, schob sie den Sack hinter die Theke.

Dann stellte sie sich vor, aber Måns war sicher, dass es nicht ihr richtiger Name war, und bestellte einen Cider.

Er zögerte ein paar Sekunden zu lang. Sie sah ihn an und wiederholte ihre Bestellung. Måns holte die Flasche und ein Glas, schenkte ihr ein und stellte die Flasche neben das Glas, wie er es schon so oft gemacht hatte. Doch dieses Mal tat er es mit einer inneren Spannung, wie er sie selten zuvor verspürt hatte. Um seine Nervosität zu verbergen, drehte er sich um. Dadurch entging ihm ihr Lächeln.

Kann man denn Darling heißen?, fragte er sich. Er ließ sich den Namen auf der Zunge zergehen, Patricia Darling. Dabei blieb er vor der Kaffeemaschine stehen, machte sich einen doppelten Espresso und schielte gleichzeitig zu dem Müllsack am Boden. Was trägt man denn in einem Müllsack spazieren? Schmutzige Wäsche, war sein erster Gedanke, aber es war unmöglich, Patricia Darling mit etwas Unsauberem in Verbindung zu bringen.

»Jetzt überlegst du natürlich, was in dem Sack drin ist«, sagte Patricia, und als Måns sich umdrehte, sah er sie zum ersten Mal lächeln. Seine Tasse landete klirrend auf dem Untersetzer.

»Nö, überhaupt nicht«, sagte er, überlegte es sich aber in der nächsten Sekunde wieder anders und lachte verlegen.

»Es ist nichts Schlimmes«, sagte sie, »bloß ein bisschen zu schwer, um ihn die ganze Zeit mit mir rumzuschleppen.«

»Wenn nur Peter ihn nicht sieht. Also, mein Chef, meine ich. Der würde bestimmt sofort reingucken ...«

»Die Gefahr besteht nicht«, lachte Patricia. »Der taucht hier sicher eine ganze Weile nicht mehr auf. Den hat es nämlich heute ganz schön zerlegt.«

»Kennst du Peter?«

»Kannte«, korrigierte die Frau lächelnd.

Sie trank einen Schluck Cider und warf Måns einen Blick über den Glasrand zu, bei dem er sich gleichzeitig ertappt und innerlich ganz warm fühlte.

»Tut mir leid, dass ich dich da mit reinziehe, aber ich verspreche, mich zu beeilen. Ich muss nur noch ein paar Weihnachtsüberraschungen fertig machen, und dann komm ich zurück, okay? Ich war ein paar Jahre nicht mehr hier in der Stadt, und da ist es doch wichtig, dass alles perfekt läuft, oder?«

Måns nickte. Wie hätte er dieser Frau irgendetwas abschlagen können? Als sie Anstalten machte, ihren Cider zu bezahlen, winkte er ab. Patricia glitt von ihrem Barhocker, schenkte ihm noch ein Lächeln und verschwand.

Er blieb stehen und starrte auf die Tür, die langsam hinter ihr zufiel. Karibik, stellte er fest. Er war oft genug auf dem allsommerlichen Stockholmer Leichathletik-Festival gewesen, um die Haltung einer Frau aus Jamaika oder Trinidad wiederzuerkennen.

Der Müllsack musste verschwinden, bevor Peter auftauchte. Für gewöhnlich kam er gegen acht und trank ein Glas Grappa. Der Restaurantbesitzer reagierte empfindlich, wenn das Personal irgendwelche Privatangelegenheiten am Arbeitsplatz regelte. Außerdem war er schrecklich neugierig. Niemals könnte er es sich verkneifen, in einen Müllsack, den eine geheimnisvolle schöne Frau abgegeben hatte, nicht doch einen Blick zu werfen.

Auch Måns selbst hatte kurz daran gedacht, die rote Schleife aufzumachen, die den Sack verschloss. Eine ganz einfache Sache, und dann könnte er problemlos alles wieder so aussehen lassen wie vorher. Aber er beschloss, es bleiben zu lassen. Das wäre ein Vertrauensbruch gegenüber Patricia, und bei dieser Frau durfte er auf keinen Fall irgendetwas falsch machen.

In der Küche bereiteten Sebastian und Luis alles für den Abend vor. Måns hörte den Spanier singen, wie immer. Lieder, die er aus dem Norden seines Heimatlandes mitgebracht hatte. Måns mochte diese Lieder, und jetzt steuerten sie den romantischen Hintergrund bei, vor dem er seinen Träumen von Patricia Darlings Rückkehr freien Lauf lassen konnte.

Er spürte, dieser Abend würde wichtig werden. Ihr plötzliches Auftauchen im »Locus« bedeutete einen Wendepunkt in seinem Leben. Im Grunde war das reines Wunschdenken, das auf nichts anderem beruhte als auf Måns' Hoffnung, eines Tages über die Frau seines Lebens zu stolpern. Jetzt war der Tag gekommen, dachte er, und Luis' romantische Serenaden bekamen eine neue, tiefere Bedeutung.

Leider musste er an der Küche vorbei, um an seinen Schrank in der Umkleide zu gelangen. Er löste das Problem, indem er

Patricia Darlings Sack in eine der blauen Mülltüten steckte, die sie im Restaurant benutzten. Dann würde es so aussehen, als ginge er zu den Abfalltonnen.

»Ganz schön viele Reservierungen heute«, meinte er zu Sebastian, der gerade Filets aufschnitt.

Ein unnötiger Kommentar, denn die beiden Köche wussten genauso gut wie Måns, wie es mit den Reservierungen des Abends aussah, und so nickte Sebastian nur, ohne aufzublicken.

Måns ging in die Umkleide und stopfte den Sack schnell in seinen Schrank, schloss aber nicht ab. Wenn Peter einen Blick in die Umkleide warf und sah, dass der Schrank mit dem Vorhängeschloss abgesperrt war, würde er sofort misstrauisch werden, denn Måns sperrte sonst nie ab, sondern hakte das Schloss immer nur ein.

Als er wieder an die Bar kam, warteten bereits die ersten Gäste an der Theke. Jean-Paul, der Kellner, war noch nicht aufgetaucht, so dass Måns das Paar zu einem Tisch führen, die Speisekarten holen und fragen musste, ob sie schon etwas zu trinken wollten, während sie das Essen aussuchten.

Im gleichen Augenblick erschien Jean-Paul. Wie immer schaute er verschämt drein und entschuldigte sich für seine Verspätung, aber das zog bei Måns nicht mehr. Hinter Jean-Paul kam Veronica herein, die zweite Bedienung. Sie begann immer eine Dreiviertelstunde nach dem Franzosen.

»Danke fürs Einspringen«, sagte Jean-Paul zu Måns, um den Anschein zu erwecken, dass seine späte Ankunft geplant gewesen war, doch Veronica ließ sich nicht täuschen.

»Ziehen wir dir vom Lohn ab«, sagte sie nur und glitt hinter die Theke.

»Bitch«, zischte Jean-Paul, während Måns nur lächelte. Er dachte an Patricia Darling. Er murmelte ihren Namen vor sich hin, schmeckte den Worten nach. Darling, das klang so zärtlich und verheißungsvoll, als ob von einer Frau dieses Namens überhaupt nichts Schlechtes zu erwarten wäre.

Der Abend verlief wie immer, die Essensgäste kamen, aßen und gingen. An der Bar hing die übliche Klientel herum. Peter erschien gar nicht, was Måns überraschte, denn sonst war der Chef zuverlässig wie eine Schweizer Uhr.

Eine ganze Weile vergaß Måns Patricia, aber er trug sie mit sich, sie machte seine Bewegungen weicher, zauberte ihm ein Lächeln aufs Gesicht und ließ ihn seinen Arbeitskollegen gegenüber ungewöhnlich hilfsbereit sein.

Wenn er an sie dachte und daran, dass er etwas besaß, was ihr gehörte, dass sie seine Dienste in Anspruch genommen hatte und wiederkommen würde, musste er lachen. Nach dieser Geschichte hatte er was gut bei ihr. Sie konnte nicht einfach nur ihren Sack nehmen und von dannen ziehen.

Måns schätzte, dass sie um die dreißig war. Einmal, als es am Tresen etwas ruhiger zuging, setzte er sich hin und träumte von ihrem Lächeln. Er erinnerte sich, wie sie durch die Tür gekommen war, und er wusste auch noch, warum er sich sicher war, dass sie aus der Karibik kam: ihr Hintern, diese gewölbten Backen, die vorstanden wie zwei feste Früchte, auf denen man ein Glas abstellen könnte. Diese Beschreibung hatte er mal an der Bar aufgeschnappt, und jetzt verstand er auch, was damit gemeint war.

Sie hatte eine enge schwarze Jeans angehabt, die kräftige Oberschenkel- und Wadenmuskeln durchscheinen ließ. Mit steigender Erregung stellte Måns sich vor, welche Kraft diese

Beine entwickeln konnten. In seiner Fantasie malte er sich aus, wie er ihre goldbraune Haut streicheln würde.

Patricias Stimme war dunkel und klar, und sie hatte zugleich träge und seltsam artikuliert geredet, als würde sie sich extra anstrengen, korrekt zu sprechen. Das ließ ihn an eine Schauspielerin denken. Genau so war es gewesen: Sie wirkte wie eine vollendete Schauspielerin, die sich selbst spielte.

Als die Bar um zwei Uhr schloss, war Patricia Darling immer noch nicht zurück. Måns trödelte noch bis Viertel vor drei, in der Hoffnung, sie würde doch noch auftauchen. Er machte die Bar sauber und beschäftigte sich mit allem Möglichen, was er normalerweise am nächsten Arbeitstag erledigt hätte.

Veronica war schon kurz nach Mitternacht gegangen. Jean-Paul hing nach Feierabend noch ein bisschen rum, trank ein Bier und zog über Veronica her, aber da Måns sich nicht um sein Geschwätz kümmerte, machte er sich schließlich auch auf den Weg.

Als Måns die Tür hinter sich abschloss, spähte er noch einmal in alle Richtungen, um es nur ja nicht zu verpassen, wenn Patricia doch noch angerannt kam, als hätte sie sich aus irgendeinem Grund bei ihren Erledigungen verspätet.

Den Sack ließ er im Schrank stehen, und während er mit dem Fahrrad nach Hause fuhr, dachte er wieder darüber nach, was wohl darin war. Am Abend war seine Neugier von der Freude auf das Wiedersehen verdrängt worden, aber jetzt wurde der Sack zu einem Rätsel, das er mit ins Bett nahm.

Måns wachte gegen elf Uhr auf. Er sah aus dem Fenster und stellte fest, dass das milde Wetter sich endgültig durchgesetzt hatte. Aus der weißen Weihnacht würde wohl nichts werden. Er ging zurück ins Bett und blieb eine halbe Stunde liegen, träumte von Patricia und spürte, wie die Spannung stieg. Er war überzeugt, dass sie zurückkommen würde. Man lässt sein Eigentum ja nicht einfach irgendwo so stehen.

Gegen drei war er schon wieder an seinem Arbeitsplatz. Er hatte mit dem Rad einen Umweg durch die Stadt gemacht und Ausschau gehalten. Um Patricia vielleicht irgendwo in den Menschenmengen zu entdecken.

Sebastian blickte verwundert auf und legte das Messer aus der Hand. Er schnitt gerade ein Stück Ochsenfleisch auf, das am Vormittag geliefert worden war.

»Du bist aber früh dran.«

»Ich will mal im Lager gucken, was noch so da ist und was wir nachbestellen müssen«, erklärte Måns.

Der Koch lächelte verblüfft.

»Hast du Peter gesehen?«, fragte er.

Måns schüttelte den Kopf.

»Verdammt, wir wollten doch das Weihnachtsmenü zusammen durchgehen«, sagte der Koch. »Er faselt immer was von traditionellem Weihnachten, aber wer will denn heute schon noch Schinkenbrühe zum Broteinstippen?«

»Ist jemand da gewesen und hat nach mir gefragt?«

»Wer sollte das gewesen sein?«

»Ach, ich dachte nur so«, wehrte Måns ab und ging in die Umkleide.

Das Schloss hing noch an seinem Platz. Er zog die Schranktür auf, und dort lag der Sack, genau wie am Vortag. Wie es aussah, hatte ihn niemand angefasst.

Nachdem er die Schranktür wieder zugemacht hatte, setzte sich Måns auf die Bank gegenüber. Im gleichen Moment fiel sein Blick auf einen Fleck unter dem Schrank. Er war dunkel und fast kreisrund. Måns ging auf die Knie, guckte unter den Schrank und streckte die Hand aus. Sein Zeigefinger hinterließ eine Spur in der nassen Oberfläche. Und seine Fingerspitze hatte eine dunkle Farbe angenommen, fast schwarz. Er starrte auf den Finger, schluckte und suchte nach einer Erklärung, die besser war als die, die ihm sofort in den Sinn gekommen war.

Er wusste, dass er in den Sack schauen sollte. Die Flüssigkeit konnte nur aus dem Müllsack stammen. Er machte die Tür wieder auf. Aus der Küche hörte man das Radio plärren, und Sebastian sang ein Weihnachtslied mit. Nun war der Sack keine Verheißung mehr, sondern eine gruselige, unförmige schwarze Masse mit einem mehrfach verknoteten roten Band.

Måns atmete tief durch, um seine Übelkeit niederzuhalten, aber da bemerkte er den Geruch, der aus dem Schrank kam. Ein derber, animalischer Geruch, den er nach den vielen Jahren in Restaurantküchen unfehlbar wiedererkannte.

Man hörte das Geräusch einer zufallenden Tür, und plötzlich stand Luis, der Hilfskoch, in der Umkleide. Måns schreckte hoch.

»Du kniest in der falschen Richtung, Südosten ist da drüben«, lachte Luis.

Måns sah ihn fragend an.

»Ich dachte, du betest. Mekka«, fügte Luis hinzu, als Måns ihn immer noch verständnislos anstarrte.

Luis öffnete seinen Schrank und hängte seine dünne Jacke hinein.

»So ein Scheißwetter«, sagte er und fing an, sich umzuziehen.

Måns stellte sich vor den Schrank, zog sich rasch das T-Shirt aus und behielt es in der Hand, um den Fleck damit notdürftig zu verdecken, aber Luis war vollauf damit beschäftigt, sich umzuziehen und sich über ihren Chef zu beschweren, der sich einfach nicht meldete.

»Scheiße, Peter kommt und kommt einfach nicht«, schimpfte Luis.

Måns schwieg, musste aber an Patricias Worte denken, dass Peter erst mal eine Weile nicht vorbeikommen würde. »Den hat es heute ganz schön zerlegt«, hatte sie gesagt und ihm dieses gewisse Lächeln geschenkt.

Zerlegt, dachte Måns und schielte zum Schrank. Plötzlich kam ihm der Verdacht, oder vielmehr die Gewissheit, dass der Chef, oder zumindest Teile von ihm, in diesem Sack waren. Was hatte sie noch gesagt? »Tut mir leid, dass ich dich da mit reinziehe ...« Wo mit reinziehen? In einen Mord?

»Er ist wie vom Erdboden verschluckt«, nörgelte Luis weiter. »Sebastian hat ihn schon ein paar Mal angerufen. Der geht nicht mal ans Handy. Er hatte irgendwas von einem Date erzählt, hast du das nicht auch gehört?«

Måns schüttelte den Kopf.

»Doch, irgendeine Ex-Freundin. Er hat sich gefreut wie noch mal was. Aber jetzt ist er verschwunden.«

Måns konnte keinen klaren Gedanken mehr fassen, geschweige denn antworten. Es besteht keine Gefahr, dass er hier auftaucht, dachte er und erinnerte sich an Patricias Worte und ihr Lächeln. Jetzt kam es ihm nicht mehr verführerisch vor, sondern nur noch grausam.

»Was ist denn mit dir los?«

»Hä?«, sagte Måns.

»Du siehst aus, als wärst du ganz woanders. Woran denkst du denn?«

»Kopfweh«, behauptete Måns und rutschte ein paar Zentimeter weiter, um den Fleck auf dem Boden besser zu verdecken.

»Okay«, sagte Luis, »jetzt aber ran an die Arbeit.«

Er band sich den Kittel zu.

»Willst du eine Tablette?«

Måns schüttelte wieder den Kopf. Die Schweißperlen traten ihm auf die Stirn.

»Du siehst aber echt elend aus«, meinte Luis und wirkte aufrichtig besorgt.

Er ging zu seinem Kollegen, um ihn aus der Nähe zu betrachten. Måns wich unwillkürlich ein Stück zurück.

»Lass mich! Es geht schon.«

»Okay, okay«, sagte Luis und hob die Hände in einer beschwichtigenden Geste.

Er trat ein paar Schritte zurück und musterte Måns mit einem Lächeln auf den Lippen, das aber nach und nach erstarb.

Dann stieß er einen resignierten Seufzer aus und machte auf dem Absatz kehrt, doch als er an der Tür war, sah er sich noch einmal zu Måns um.

»Du, Måns ...«, begann er, doch dann fiel sein Blick auf den Boden unterm Schrank.

Hastig rutschte Måns ein Stück zur Seite.

»Was ist das denn?«

»Nichts«, erwiderte Måns rasch. »Ich hab was verschüttet.«

»Verschüttet?«

Luis beugte sich vor, kam näher und betrachtete den Fleck genauer.

»Verdammt, das ist ja Blut!«, rief er aus.

»Nein, Cola«, widersprach Måns.

»Machst du Witze? Ich bin Koch, verdammt noch mal!«

Er fiel auf die Knie, so wie Måns vorher, und ehe er die Hand unter den Schrank steckte, sah er seinen Kollegen verwundert an.

Måns konnte seine Gedanken lesen: Luis verdächtigte ihn, gestohlenes Fleisch aus der Küche in seinem Schrank zu verstecken. Ein paar Tage vor Allerheiligen, als sie eine große Gesellschaft erwarteten, waren zehn Kilo Filet aus dem Restaurant verschwunden, und Peter hatte sich höllisch aufgeregt. Sebastian und vor allem Luis, der damals gerade erst angefangen hatte, bekamen seine ganze Wut ab.

Wenn Måns jetzt noch mehr Fleisch gestohlen hätte, wäre das nicht nur Diebstahl an Peter, sondern vor allem ein Affront gegen seine Kollegen in der Küche. Er stahl ihnen Arbeitsmaterial und brachte sie in eine unangenehme Lage. Außerdem hatte Peter immer ein ganz besonders scharfes Auge auf die Lebensmittel, und wenn ein paar Kilo Filet verschwanden, versetzte das seinem ganzen Bemühen um eine rentable Kneipe den Todesstoß.

Luis schob Måns grob zur Seite und öffnete die Schranktür. Sowie Måns sein Gleichgewicht wiedergewonnen hatte, versuchte er den Koch an der Schulter zurückzuhalten. Luis war zwar nicht der athletische Typ, aber er entwickelte eine überraschende Kraft, als er Måns packte und ihn an die gegenüberliegende Wand stieß.

Die Auseinandersetzung lief wortlos ab, nur begleitet von den Liedern aus der Küche, die von einer fröhlichen Weihnacht sangen.

Luis begann an dem roten Band zu ziehen. Ein paar Sekundenbruchteile zögerte Måns, vielleicht sollte er ihn den Sack einfach öffnen lassen, aber dann sah er im Geiste schon Peters Kopf auf den Boden rollen. Niemand würde ihm die Geschichte mit Patricia Darling abkaufen. Das Ganze würde sich anhören wie eine arg konstruierte Geschichte, und auch wenn irgendein Gast tatsächlich gesehen hätte, wie sie in die Kneipe kam, würden alle, nicht zuletzt die Polizei, Måns als mitschuldig betrachten.

Er packte Luis bei der Schulter, stieß ihn beiseite und warf die Schranktür zu. Luis wurde zurückgeschleudert, verlor das Gleichgewicht und stürzte, kam aber genauso rasch wieder auf die Füße.

»Du Scheißdieb«, schrie er, und der Zorn hatte sich wie eine furchterregende Maske über sein sonst so friedliches Gesicht gelegt. Er warf sich auf Måns.

Der antwortete mit seiner Rechten und traf Luis über der Nase. Er legte sich so in den Schlag hinein, dass Luis nach hinten gegen das Waschbecken geschleudert wurde. Als er mit dem Hinterkopf an das steinharte, weiße Porzellan prallte, klang es, als würde man eine Nuss knacken – nur dass das Geräusch wesentlich lauter und die Nuss in diesem Fall ein Schädel war.

Er stieß einen widerlich würgenden Laut aus, als wollte er sich gleich übergeben, und sackte dann auf dem Boden zusammen. Seine Beine zuckten, seine eine Hand schlug ein paar Mal krampfhaft auf den Boden, und sein Gesicht verzog sich zu einer Grimasse, bis sein Körper plötzlich erschlaffte.

Aus der Küche hörte man eine Frauenstimme singen. Dem Koch liefen ein paar Speicheltropfen aus dem Mundwinkel. »Dieb, Dieb, Dieb«, krächzte sein leicht geöffneter, starrer Mund, und seine Augen starrten Måns anklagend an.

»Luis!«, rief Sebastian aus der Küche.

»Ich wollte doch nicht ...«, stammelte Måns.

»Jetzt mach mal 'n bisschen Tempo, Luis!«, schrie Sebastian gegen »Stille Nacht« an.

Måns beugte sich über Luis. Sie kannten sich seit zehn Jahren, hatten in zwei verschiedenen Restaurants zusammen gearbeitet, hatten zusammen gefeiert, waren selbst einmal mit demselben Mädchen zusammen gewesen und letzten Herbst sogar gemeinsam nach Bilbao gefahren, um dort Luis' Eltern zu besuchen. Måns erinnerte sich an die beiden Alten in der bei Guernica gelegenen Stadt, wie sie ihren Sohn willkommen hießen und Måns aufnahmen, als wäre er ein lieber Verwandter. Måns hatte Luis auch den Job in dieser Kneipe besorgt.

Und jetzt hatte er ihn getötet.

Die Musik aus der Küche verstummte kurzzeitig. Das Einzige, was man hörte, war das Summen der Lüftung und Måns' schweres Atmen.

Er streckte die Hand aus und befühlte Luis' Stirn. Er ist tot, dachte er, vor Schreck wie gelähmt. Ich habe meinen besten Freund getötet.

Er wollte am liebsten weiter auf ihn einschlagen mit seiner ganzen Wut, aber diesmal, um Luis ins Leben zurückzuprügeln.

»Du Blödmann! Warum musstest du ...«

»Luis!«

Sebastian klang mittlerweile immer gereizter.

Måns ergriff die Arme des Toten und zog den leblosen Körper in einen kleinen Gang, der vom Umkleideraum abzweigte. Dort verwahrten sie ein paar Werbeaufsteller sowie ein halbes Dutzend Blumentöpfe, die sie im Frühsommer an der Straße aufhängten. Sebastian bepflanzte sie immer, mit Hängeverbenen und Gipskraut. Ebenfalls in dieser Nische standen der alte Zigarettenautomat und ein paar ausrangierte Stühle.

Måns zog die Stühle hervor und versuchte, Luis' Körper hinter das Gerümpel zu schieben. Im gleichen Moment ging die Tür auf. Sebastian und Måns starrten sich an. Sebastian verwundert und Måns entsetzt.

»Was zum Teufel ...«, begann Sebastian und machte ein paar Schritte in den Gang.

»Ich wollte nicht ...«

Sebastian stürzte auf ihn zu, schleuderte die Stühle beiseite, stieß den Zigarettenautomat aus dem Weg und fiel auf die Knie.

»Luis, Luis«, murmelte er und schüttelte langsam den Kopf, mit einem Gesichtsausdruck, der zugleich Zweifel und Entsetzen ausdrückte. Aus dem Radio dröhnte weiter die Botschaft von der frohen Weihnacht.

»Was hast du getan?«

Måns starrte Sebastian an, und es kam ihm vor, als würden die Gesichter der beiden Köche zu einem verschwimmen. Als hätte Luis' plötzlicher und gewaltsamer Tod eine Spur in Sebastians Gesicht hinterlassen. Dem Totschläger ohne Vorsatz blieben alle Erklärungen im Halse stecken. Während Sebastian schluchzte und ständig »Warum, warum?« fragte, verspürte Måns eine steigende Wut auf den zusammengesunkenen Koch. Warum zum Teufel hatte er denn auch in den Schrank geschaut?, wollte er schreien. Konnte er sich nicht um seinen eigenen Kram kümmern? Warum musste er sich unbedingt einmischen?

Måns donnerte seine tödliche Faust gegen die Schranktür, trat gegen den Zigarettenautomaten, dessen Glasfront in Scherben ging, und brüllte seinen Hass auf alles und jeden hinaus.

Im gleichen Moment hämmerte jemand frenetisch an die Eingangstür des Restaurants. Måns hörte es nicht, Sebastian jedoch rappelte sich hoch und ging aus der Umkleide, wo Måns schluchzend auf dem Boden zusammengesunken war.

Sebastian machte die Tür auf. Auf dem Gehweg stand eine dunkelhäutige Frau.

»Hallo, ist der Barkeeper auch da? Ich weiß, ihr habt eigentlich geschlossen, aber ich ...«

Sie verstummte, als sie das Gesicht des Kochs näher betrachtete.

»Der Barkeeper«, sagte Sebastian tonlos.

»Ja, der Typ, der gestern an der Bar gearbeitet hat. Ist was passiert?«

»Passiert ... Wer bist du eigentlich?«

Sebastian trat zur Seite, und Patricia betrat das »Locus«.

»Ich heiße Patricia, ich bin eine alte Freundin von Peter.«

Plötzlich stand Måns an der Bar.

»Du!«, rief er misstrauisch.

»Da bist du ja! Entschuldige, dass ich so spät komme. Jetzt

ist alles im Eimer, aber ich bin ja selbst schuld. Gestern war's einfach noch extrem stressig. Ich bin in schlechte Gesellschaft geraten«, kicherte Patricia Darling.

Von ihrem flirtenden Auftreten vom Vortag war nichts mehr zu spüren. Jetzt entschuldigte sie sich nur und schwatzte auf Sebastian und Måns ein, die stumm vor ihr standen.

»Ihr wisst ja, wie Peter so ist. Wir sind mit dem Taxi nach Stockholm gefahren und haben richtig einen draufgemacht. Jetzt ist der Kopf wahrscheinlich im Eimer.«

»Was?«

»Der Sack«, sagte Patricia. »Wahrscheinlich hast du ihn sowieso schon weggeschmissen. Hat es sehr gestunken? Ich weiß, das war echt bescheuert, ich hätte dich anrufen und dir Bescheid sagen sollen, dass du ihn in den Kühlschrank legst. Jetzt ist er wahrscheinlich schon ganz aufgetaut.«

»Was denn für ein verdammter Sack?«, rief Sebastian aus.

»Ich hab gestern einen Schweinskopf von Peter gekriegt. Ich hab ihm erzählt, wie wir immer Weihnachten gefeiert haben, als ich noch klein war, und dass wir jedes Jahr einen Schweinskopf auf dem Weihnachtstisch hatten. Damals fand ich das total eklig, aber dieses Jahr wollte ich meine Familie überraschen, und Peter war so süß, mir einen zu organisieren.«

»Luis«, sagte Måns.

Aus dem Schwedischen von Wibke Kuhn

Helene Tursten

Mittwintermord

Kriminalinspektorin Irene Huss ließ sich vom zähen Verkehrsstrom Richtung Zentrum treiben. Fast fünf Zentimeter Schnee waren gefallen, was in Göteborg sofortiges Verkehrschaos zur Folge hatte. Die Lichtreklame eines Baumarkts an der Autobahn informierte sie darüber, dass die Temperatur nun minus acht Grad betrug.

Dank des Schnees hatte die Kälte, die die Westküste tagelang in ihrem eisigen Griff gehalten hatte, nachgelassen. Irene sah gerade noch, dass es 7.23 Uhr war, da wurde die angenehme Stille vom Marseillaise-Gedudel ihres Handys unterbrochen, das sie wie immer auf den Beifahrersitz gelegt hatte.

»Irene Huss.«

Noch ehe er ein Wort gesagt hatte, wusste Irene, dass ihr Chef am Apparat war. Sein asthmatisches Röcheln verriet ihn.

»Hier ist Andersson. Fahr direkt zum Guldhedstorget. Man hat eine Frauenleiche gefunden. Ein Streifenwagen ist bereits dort. Ich habe Persson hingeschickt.«

»Verstanden. Keine näheren Angaben?«

»Nein. Die Jungs von der Streife wissen mehr.«

»Okay.«

Die Kollegen hatten bereits ein ansehnliches Gebiet abgesperrt. Ein paar Schaulustige standen in der Kälte herum, traten von einem Bein aufs andere und versuchten, in der kleinen Grünanlage etwas zu erspähen, konnten aber nichts erkennen.

Die dichten Büsche verbargen das Opfer, und außerdem war es immer noch ziemlich dunkel.

Tommy Persson war einige Minuten vor Irene eingetroffen und hatte auf sie gewartet. Als Irene aus ihrem Wagen stieg, kam eine der Streifenpolizistinnen auf sie zu, eine junge Frau, groß und kräftig mit einem knallroten Zopf, der auf ihren Rücken herabhing. Tommy wandte sich an sie und stellte sich vor: »Hallo, Tommy Persson und Irene Huss vom Dezernat für Gewaltverbrechen.«

»Hallo. Ich bin Annika Steen.«

Sie nickten sich zu und gingen dann zur Absperrung. Dabei schwiegen sie, denn die sensationshungrigen Zuschauer standen zu nahe.

Als sie sich dem Gebüsch näherten, blieb Annika Steen stehen. Sie räusperte sich nervös, ehe sie mit ihrem Bericht begann: »Der Alarm kam kurz nach sieben; wir befanden uns gerade am Krankenhaus. Da wir am nächsten dran waren, fuhren wir hin. Eine ältere Frau ... genauer gesagt ihr Hund ... hatte die Leiche gefunden.«

Die Beamtin drehte sich um und deutete auf den Laden am anderen Ende des Platzes.

»Sie wohnt im ersten Stock über dem Geschäft. Ich habe ihren Namen und die Adresse ...«

Sie fischte einen Block aus einer der unzähligen tiefen Innentaschen ihrer Uniformjacke. Vorsichtig riss sie das oberste

Blatt ab und reichte es Irene. »Astrid Larsson« stand darauf sowie Adresse und Telefonnummer.

»Sie durfte nach Hause gehen, weil sie behauptete, ihr Köter habe sich den grausigen Fund so zu Herzen genommen.«

Annika Steen lächelte ein wenig. Irene erwiderte ihr Lächeln und nickte.

»Schon okay. Wir kümmern uns nachher um ihre Aussage. Können wir uns jetzt die Leiche ansehen?«

Das Lächeln von Annika Steen verschwand.

»Klar. Da drüben«, sagte sie.

Mit ein paar großen Schritten war sie beim Rhododendrongebüsch. Der Weg war verschneit, aber die Fußspuren ließen erkennen, dass mehrere Leute dort entlanggegangen waren.

Sie gingen um das Gebüsch herum. Direkt dahinter erblickten sie eine Frauenleiche.

Sie lag mitten auf dem schmalen Weg. Der Schnee hatte sie fast ganz zugedeckt. Das Licht der Straßenlaternen, das durch die Äste der Bäume fiel, glitzerte in ihrem langen blonden Haar. Irene bemerkte, dass die schicken schwarzen Lederstiefel neu aussahen und die Daunenjacke einen hübschen taubenblauen Farbton hatte.

Als sich Irene und Tommy neben die Leiche knieten, sahen sie, dass die Frau bereits ein paar Stunden tot war. Ihr Gesicht war alabasterweiß, und die Augenhöhlen waren voller Schnee. Der oberste Knopf ihrer Jacke war geöffnet, und darunter sah ein hellblauer Wollpullover mit einem breiten Rollkragen hervor. Oberhalb des Kragens war die Haut stark verfärbt.

Mit dem Ende eines Kugelschreibers schob Irene vorsichtig den Kragen nach unten.

»Erwürgt«, stellte sie fest.

»Mit einer Schlinge oder etwas Ähnlichem«, ergänzte Tommy.

»Jetzt kommt die Spurensicherung«, sagte Annika Steen, und die Inspektoren erhoben sich.

»Und wir vernehmen die Dame, die sie gefunden hat«, meinte Irene.

Ein wunderbarer Kaffeeduft strömte ihnen entgegen, als Astrid Larsson die Tür ihrer Wohnung öffnete. Ein kleiner schwarzer Pudel umkreiste die Schuhe der Besucher. Der schreckliche Fund des Vormittags schien ihn nicht sonderlich mitgenommen zu haben.

Tommy stellte sich und Irene der eleganten weißhaarigen Dame vor.

»Treten Sie doch ein. Ich habe Sie erwartet. Sie trinken doch eine Tasse Kaffee?«, sagte Astrid Larsson und führte sie in ihr gemütliches Wohnzimmer, wo der Couchtisch bereits mit Kaffeetassen und einem Teller Plätzchen gedeckt war.

Sie bat die Beamten, Platz zu nehmen, und ging dann in die Küche, um den Kaffee zu holen.

Nachdem sie eingeschenkt hatte, blieb sie nachdenklich mit der Glaskanne in der Hand stehen.

»Ich bin mir ganz sicher, dass ich das Mädchen, das ich ... heute Morgen gefunden habe ... dass ich sie gestern spätabends schon mal gesehen habe«, sagte sie.

»Wann?«, fragte Tommy.

Astrid Larsson runzelte die Stirn und dachte nach.

»Vermutlich kurz vor elf. Meine Freundin Ninni war gestern Abend hier. Es wurde später, als wir geplant hatten, und ich erinnere mich, dass wir Viertel vor elf ein Taxi riefen. Meine

Freundin soll nach Neujahr ein künstliches Hüftgelenk bekommen, zurzeit ist sie auf einen Rollator angewiesen. Das Taxi sollte schon bald kommen, wir zogen also gleich unsere Mäntel an. Ninni braucht für die Treppe immer ziemlich lang, und ich musste ihr mit dem Rollator helfen.«

Astrid Larsson unterbrach sich und stellte die Kaffeekanne auf einen Korkuntersetzer. Sie setzte sich auf einen kleinen roten Samtsessel mit hohem Rücken und fuhr dann fort: »Das Taxi war noch nicht da, aber kaum waren wir unten angelangt, kam ein rotes Auto, ein Ford Escort, und hielt am Gehsteig. Kurz darauf wurde die Beifahrertür geöffnet, und sie ... die tote junge Frau ... obwohl sie ja zu dem Zeitpunkt noch lebte ... Ich bin mir ganz sicher, dass sie es war, denn die Kleider waren dieselben und die Frisur ...«

Sie schwieg verwirrt. Um sie zum Weitersprechen zu bewegen, fragte Irene: »Sind Sie sich sicher, was das Automodell angeht?«

Astrid Larsson nickte.

»Ja. Ein Ford Escort. Vor ein paar Jahren hatte ich selbst so einen.«

»Was geschah, nachdem die junge Frau aus dem Auto gestiegen war?«

»Sie beugte sich vor und sprach mit dem Fahrer. Sie sagte, er solle noch die Frau ausführen oder so ähnlich ... Denn sie habe es vergessen.«

»Hat sie das gesagt? Führ noch die Frau aus, denn ich habe es vergessen?«, fragte Tommy.

»Ja. Zumindest habe ich es so verstanden. Aber in dem Moment kam das Taxi, und dann hatten wir mit Ninni und ihrem Rollator alle Hände voll zu tun. Als das Taxi wegfuhr, sah ich, dass sich der rote Escort auch gerade entfernte. Er hatte gewendet und war auf dem Weg zurück zum Wavrinskys plats.«

»Er?«

»Ja. Es handelte sich um einen jungen Mann. Ich habe ihn jedoch nur flüchtig gesehen. Er hatte dunkles Haar, so eine modische Stoppelfrisur. Ich glaube, er trug eine dunkle Daunenjacke.«

»Und das Mädchen? Haben Sie gesehen, wo sie hingegangen ist?«

»Sie ging den Hügel hinauf zur Grünanlage.«

»Haben Sie gesehen, dass sie hineingegangen ist?«

»Nein. Aber es gibt mehrere Wege und Treppen, die vom Bürgersteig aus hinführen.«

»Fällt Ihnen sonst noch etwas ein?«

Astrid Larsson schüttelte mit aufrichtigem Bedauern den Kopf.

»Nein.«

Plötzlich setzte sie sich kerzengerade auf.

»Doch! Jetzt erinnere ich mich! Ehe sie die Beifahrertür zumachte, warf sie etwas auf den Beifahrersitz. Dabei klirrte es. Ich habe es nur gehört, konnte aber nichts sehen.«

Bei der Abendbesprechung mit Kommissar Sven Andersson, ihrem Chef, hatten Irene Huss und Tommy Persson bereits eine ganze Menge über die Tote in den Büschen in Erfahrung gebracht.

»Wir haben ihre Identität festgestellt, es handelt sich um Stella van Haydoorn, vierundzwanzig, studiert im vorletzten Semester Zahnmedizin hier in Göteborg«, berichtete Tommy

Persson. »Wohnhaft in der Sankt Pauligatan. Der Gerichtsmediziner gibt als Zeitpunkt ihres Todes vorläufig Mitternacht an, plus/minus eine Stunde. Ihre Eltern, die in Kungsbacka wohnen, haben sie identifiziert. Sie sind natürlich sehr mitgenommen, aber ich habe sie trotzdem gefragt, ob ihnen jemand im Bekanntenkreis ihrer Tochter einfällt, der einen roten Ford Escort besitzt. Und siehe da: Ihr Exfreund Patrik Eriksson hat einen. Wir wollen uns noch heute Abend mit ihm unterhalten. Wir haben uns für neunzehn Uhr bei ihm angemeldet. Offenbar betreibt er an der Technischen Hochschule Chalmers irgendwelche Forschungen. Wir haben nicht mit ihm persönlich geredet, sondern mit seiner Lebensgefährtin. Sie meinte, er müsse bis dahin zu Hause sein.«

Die junge Frau, die ihnen öffnete, wies eine erstaunliche Ähnlichkeit mit Stella van Haydoorn auf, trug aber kürzeres Haar. Sie warf ihnen einen ziemlich unfreundlichen Blick zu und sagte mit nervöser Stimme: »Er ist zu Hause. Ihre Eltern haben angerufen. Wir wissen, was passiert ist. Hier wird jetzt getrauert.«

Sie biss sich auf die Unterlippe und schien den letzten Satz zu bereuen. Irene fiel ihr bitterer Ton auf. Es konnte sich nicht um eine von Stellas besten Freundinnen handeln, so viel war klar.

Ohne ein weiteres Wort führte die Frau sie in die Wohnung.

Patrik saß am Küchentisch, stand aber auf, als die Polizisten die Küche betraten. Er war groß und geradezu südländisch dunkelhaarig. Seine graublauen Augen dagegen waren überraschend hell. Jetzt waren sie gerötet. Offenbar hatte er geweint.

Sie begrüßten ihn und stellten sich vor. Patrik schlug vor, ins Wohnzimmer zu gehen, und bat seine Lebensgefährtin, Kaffee zu kochen. Sie presste die Lippen zusammen, sagte aber nichts.

»Uns liegen Angaben vor, dass ein roter Ford Escort gestern Abend eine junge Frau am Guldhedstorget abgesetzt hat. Der Personenbeschreibung nach könnte es sich durchaus um Stella gehandelt haben. War es Ihr Auto, und war es Stella?«, begann Irene die Vernehmung ohne Umschweife.

Patrik nickte und erwiderte leise: »Ja, es war mein Auto, und es war Stella. Sie rief mich gestern Abend gegen halb elf an und bat mich, sie mit dem Auto zum Guldhedstorget zu bringen. Sie hat keinen eigenen Wagen, deswegen fahre ich sie manchmal.«

Irene dachte an die wütende junge Dame in der Küche und fragte: »Wann haben Sie und Stella Schluss gemacht?«

»Vor etwas über einem Jahr.«

»Wie lange wohnen Sie schon mit der Frau in der Küche zusammen? Wie heißt sie übrigens?«

»Marie. Wir wohnen erst seit ein paar Monaten zusammen ... seit zwei.«

»Wann haben Sie sie kennengelernt?«

Patrik runzelte die Stirn. Er wirkte verärgert. Darauf ließ auch sein Tonfall schließen, als er wissen wollte: »Was hat das mit Stella und dem, was ihr zugestoßen ist, zu tun?«

»Das wissen wir nicht. Aber Sie und Ihr Wagen sind in der Zeit vor dem Mord am Tatort gesehen worden. Deswegen ist Ihr Verhältnis sowohl zu Stella als auch zu Marie von Interesse. Also, wann haben Sie Marie kennengelernt?«

»Letzten Sommer. Am Mittsommerabend«, antwortete Patrik mürrisch.

»Wie lange waren Stella und Sie ein Paar?«

»Neun Monate.«

»Sind Sie der Meinung, dass Sie noch immer ein gutes Verhältnis hatten? Ich meine, schließlich haben Sie sie mit dem Auto gebracht und ...«

»Ja. Wir sind ... waren sehr gut befreundet.«

In diesem Augenblick trat Marie ins Zimmer. Scheppernd stellte sie die blauen Kaffeebecher hin, drehte sich wortlos auf dem Absatz um und verschwand in die Küche.

Irene wartete, bis sie das Zimmer verlassen hatte, ehe sie die nächste Frage stellte: »Eine Zeugin hat zusammen mit einer anderen Dame auf ein Taxi gewartet. Diese Zeugin will gehört haben, wie Stella gesagt hat: Führ noch die Frau aus, denn das habe ich vergessen. Was hat Stella eigentlich genau gesagt?«

Zu Irenes Erstaunen verzog sich Patriks Mund zu einem leichten Lächeln, seine Augen blieben aber traurig.

»Nicht die Frau. Sondern Pharao. Sie bat mich, mit Pharao vors Haus zu gehen. Mit ihrem Kater. Sie hatte vergessen, mit ihm Gassi zu gehen.«

»Sind Sie dann zu ihr nach Hause gefahren und mit dem Kater Gassi gegangen?«

»Ja. Ich fuhr sofort hin, nachdem ich Stella abgesetzt hatte.«

Marie trat erneut ein. Mitten im Zimmer baute sie sich breitbeinig und mit verschränkten Armen auf. Mit unterdrückter Wut sagte sie: »Stella bittet den kleinen Patrik, sie mitten in der Nacht irgendwohin zu fahren. Obwohl es um Verabredungen mit anderen Männern geht, fährt sie der kleine Patrik. Stella bittet ihn, durch die halbe Stadt zu fahren, damit das Katzenvieh an die frische Luft kommt. Eine heilige ägyptische, preisgekrönte Ausstellungskatze! Aber selbstverständlich hilft ihr der kleine Patrik! Und einen Schlüssel zu ihrer Wohnung hat er natürlich auch! Schließlich ist er ihr bester Freund! Solange er nur in ihrer Nähe sein darf. Obwohl sie zu ihm gesagt hat, er soll sich verpissen! Total gestört!«

Die letzten Sätze spuckte sie nur so aus.

»Wo waren Sie gestern Abend zwischen elf und kurz nach Mitternacht?«, fragte Tommy mit verräterisch milder Stimme.

Marie zuckte zusammen, sah ihm aber direkt in die Augen.

»Als Stella gestern anrief und ihren Privatchauffeur bestellte, hatte ich genug. Ich habe Patrik mitgeteilt, dass Schluss sein würde mit uns, wenn er sie führe. Da ist er einfach gegangen. Ich habe meine Schwester angerufen und bin zu ihr gefahren.«

»Wie spät war es da?«

»Kurz nach halb elf. Wir waren bis drei Uhr auf und haben uns unterhalten. Ich habe mich entschieden. Ich ziehe zu ihr, bis ich eine Wohnung finde. Dass Stella tot ist, spielt keine Rolle. Hier wird es auf jeden Fall unerträglich sein! Er wird einen Altar für sie errichten und für die heilige Stella Andachten abhalten!«

Marie war zu weit gegangen. Patriks Gesicht erstarrte zu einer weißen Gipsmaske. Aber seine hasserfüllt funkelnden Augen verrieten seine Gefühle.

»Ich packe noch fertig. Meine Schwester kommt in einer Viertelstunde und holt mich und meine Sachen ab. Patrik kann Ihnen ihre Adresse geben.«

Ohne sie eines weiteren Blickes zu würdigen, verließ sie mit raschen Schritten das Zimmer.

Dann herrschte eine Weile Schweigen. Irene brach es mit einer Frage: »Was warf Stella zu Ihnen ins Auto, bevor Sie losfuhren?«

»Wie bitte? Ins Auto ...?« Patrik schien verwirrt.

»Die Zeugin, die Sie und Stella gestern gesehen hat, sagte, sie hätte etwas auf den Beifahrersitz geworfen, und dabei hätte es geklirrt.«

Patrik runzelte die Stirn und dachte nach.

»Geklirrt ... was kann das ... Genau! Die Schlüssel! Sie hat ihre Schlüssel auf den Beifahrersitz geworfen. Damit ich Pharao rauslassen konnte.«

»Und sie hat Sie nicht gebeten, zu warten und sie wieder nach Hause zu fahren?«

Statt einer Antwort schüttelte er nur den Kopf.

»Hat sie irgendwie angedeutet, mit wem sie verabredet war?«

»Nein.«

Irene hatte den Eindruck, dass sein Blick flackerte, war sich aber nicht ganz sicher.

»Wissen Sie, ob sie Bekannte in dieser Gegend hatte?«

Patrik zögerte und erwiderte dann: »Der einzige, der mir einfällt, ist ihr Professor. Sie hatte einen Job als studentische Hilfskraft bei den Gebissphysiologen. Professor Liviander wohnt ein Stück vom Guldhedstorget entfernt ... in Landala, in einem der Egna-Hem-Siedlungshäuser. Ich weiß aber nicht, wie die Straße heißt.«

Als Irene Huss ihr Dienstzimmer betrat, das sie sich mit Tommy Persson teilte, klingelte das Telefon.

»Guten Morgen. Mein Name ist Svante Nilsson. Ich wohne am Guldhedstorget gegenüber von der Grünanlage, wo der

Mord an der jungen Frau verübt worden ist. Gestern bin ich schon früh nach Kopenhagen gefahren, noch bevor sie entdeckt wurde, und auch erst spätnachts zurückgekommen. Ich wusste nichts von dem Mord, bevor ich heute Morgen aus der Zeitung davon erfuhr. Wenn ich den Artikel recht verstehe, geht die Polizei davon aus, dass sie gegen Mitternacht umgebracht wurde.«

Es war die Stimme eines älteren Mannes, sehr korrekt und redegewandt.

»Das stimmt«, sagte Irene.

»Dann habe ich vielleicht etwas Wichtiges gesehen. Aber das war eine Stunde vor Mitternacht, gegen elf. Ich hatte gerade das Licht in meinem Schlafzimmer ausgemacht und wollte das Rollo herunterlassen, da sah ich einen Mann mit einem großen Hund in die Grünanlage gehen. Vielleicht hätte mich das nicht weiter gekümmert, wenn nicht gleichzeitig eine Frau mit langen blonden Haaren aus einem Gebüsch gekommen wäre. Meines Erachtens handelt es sich um das Gebüsch, hinter dem man sie später fand.«

Irene schrieb rasend schnell mit. Sie warf eine Frage ein: »Wissen Sie, was das für ein Hund war? Welche Rasse?«

»So einer, wie ihn die Kinder im Astrid-Lindgren-Film ›Ferien auf Saltkrokan‹ hatten, falls Sie sich daran erinnern.«

»Ein Bernhardiner.«

»Genau. Jedenfalls ließ der Mann den Hund von der Leine und ging auf die Frau zu.«

»Sah es aus, als ob sie sich kannten?«

»Ja. Denn sie küssten sich lang und innig.«

Irene spürte, wie sich ihr Puls beschleunigte, und versuchte ihre Stimme weiterhin ruhig klingen zu lassen.

»Sie gingen also aufeinander zu, und dann küssten sie sich?«

»Genau. Jedenfalls begann der Hund irgendetwas zu jagen und lief zwischen den Bäumen und um den Teich herum. Wahrscheinlich eine Katze oder eine Ratte. Der Mann und die Frau verschwanden hinter dem Gebüsch, und ich konnte sie nicht mehr sehen. Aber der Hund amüsierte mich. Ich blieb also am Fenster stehen. Schließlich musste der Mann wieder hervorkommen, um dem Hund hinterherzulaufen. Seine Beute hatte sich unter den Weihnachtsbaum mitten auf dem Guldhedstorget geflüchtet, und der Hund tobte bellend darum herum.«

»Wie lange waren er und die Frau im Gebüsch?«

»Nicht länger als zwei oder drei Minuten.«

Das war nicht viel Zeit, um Stella zu erdrosseln, aber durchaus genug. Andererseits klang es etwas sonderbar, dass sie sich nur wenige Minuten zuvor innig geküsst hatten, dachte Irene.

»Der Mann nahm den Hund an die Leine und ging mit ihm weiter zum Wavrinskys plats«, fuhr Svante Nilsson fort.

»Er ging also nicht zu der Frau zurück?«

»Nein. Und als ich noch einmal zum Gebüsch hinübersah, bevor ich das Rollo herunterzog, konnte ich sie nicht mehr sehen. Ich nahm an, dass sie auf einem der kleinen Wege verschwunden war.«

»Wie sah der Mann aus?«

»Schwer zu sagen. Er trug eine dunkle Strickmütze und eine dicke Jacke in einer dunklen Farbe. Schließlich war es fünfzehn Grad unter null. Ich wohne im dritten Stock und sah sie schräg von oben.«

Als sie auflegte, schaute Tommy Persson ins Zimmer.

»Ich habe diesen Professor ausfindig gemacht«, sagte er. »Greger Liviander heißt er und arbeitet in der Zahnklinik.«

»Okay. Wir fahren hin und reden mit ihm.«

Als sie am Empfang nach dem Professor fragten, wurden sie in die Verwaltung im obersten Stockwerk verwiesen.

Sie klopften an eine Tür mit der Aufschrift »Prof. Greger Liviander«. Eine Männerstimme forderte sie auf einzutreten.

Der Professor sah überhaupt nicht so aus, wie man es von einem Professor erwartet hätte. Er war höchstens ein paar Jahre älter als Irene und Tommy, sein dickes blondes Haar war an den Schläfen leicht ergraut, aber sein Gesicht wirkte jugendlich. Greger Liviander war schlank und sah durchtrainiert aus. Irene fand den Professor im Fach Gebissphysiologie ausgesprochen gutaussehend.

Sie stellten sich vor, und Greger Liviander bat sie, auf seinen Besucherstühlen vor seinem Schreibtisch Platz zu nehmen. Irene wollte gerade die erste Routinefrage stellen, als ihr Blick auf ein großes gerahmtes Farbfoto an der Wand fiel. Zwei etwa zehnjährige Jungen saßen neben einem Bernhardiner und hatten ihm die Arme um den Hals gelegt.

Nach den üblichen Routinefragen deutete Irene plötzlich auf das Foto und sagte: »Was haben Sie vorgestern Abend gegen elf auf dem Guldhedstorget gemacht? Ein Zeuge hat Sie mit Ihrem Hund und mit Stella gesehen.«

Jegliche Farbe wich aus dem gutaussehenden Gesicht, und es gelang Liviander nicht, seine Angst zu verbergen.

»Ich war nicht am Guldhedstorget …«, sagte er versuchsweise, konnte aber nicht einmal sich selbst überzeugen.

Der Professor ließ seine Schultern sinken und legte das Gesicht in seine Hände.

»Herrgott! Ich wusste, dass es rauskommen würde!«, sagte er seufzend.

»Der Zeuge hat gesehen, wie Sie und Stella sich geküsst haben«, fuhr Irene unberührt fort.

Liviander schluckte, bevor er sich zu einer Antwort durchrang.

»Wir hatten uns in der Grünanlage verabredet. Ich gehe um diese Zeit immer noch mal mit dem Hund raus.«

»Wie lange hatten Sie und Stella ein Verhältnis?«

»Seit Mai. Sie bedeutete mir viel, aber ... ich wollte Schluss machen. Ich bin verheiratet und habe Kinder. Aber jedes Mal, wenn wir uns trafen, war es wieder genauso schwer, Schluss zu machen.«

»Haben Sie sie deswegen mit der Hundeleine erdrosselt? Um Schluss zu machen?«

Greger Liviander sprang auf und starrte Irene wütend an.

»Sie erdrosselt! Sind Sie nicht mehr ganz bei Trost? Ich habe sie geliebt! Ich hätte sie nie ... hätte sie nie ...«

Irene sah mit Erschrecken, dass er in Tränen ausbrach. Weder Tommy noch sie wussten, wie sie Liviander beruhigen sollten. Sie ließen ihn weinen. Schließlich gelang es ihm, sich zusammenzunehmen.

»Wir hatten uns verabredet, weil sie mir etwas Wichtiges zu sagen hatte. Ich nehme an, dass das bei der ... Obduktion ohnehin herauskommt. Sie war im dritten Monat schwanger. Das Kind war von mir.«

»Hatten Sie vor, sich von Ihrer Frau scheiden zu lassen und sie zu heiraten?«

»Ich weiß es nicht. Der Bescheid schockierte mich. Ich war verwirrt! Und ausgerechnet da bekam Tjabo einen Anfall und begann zu bellen. Ich rannte runter zum Guldhedstorget und erwischte ihn. Mir ist klar, dass das sehr seltsam klingen muss … aber als ich den Hund wieder an der Leine hatte, hatte ich plötzlich das Gefühl, so schnell wie möglich nach Hause zu müssen. Schließlich war es kalt, und es wäre mir schwergefallen, meiner Frau zu erklären, warum wir so lange draußen waren. Vielleicht war es auch der Schock, der mich dazu veranlasste … Ich ging mit Tjabo quer über den Wavrinskys plats und dann in Richtung Egnahemsvägen. Ich wohne oben in Landala.«

»Haben Sie sich noch einmal umgedreht und nach Stella gesehen, ehe Sie gingen?«

»Ja. Schließlich war mir nicht ganz wohl dabei, einfach so davonzulaufen. Als ich eingesehen hatte, dass ich schnell nach Hause musste, drehte ich mich um, um ihr zuzuwinken, aber sie war nirgends zu sehen. Ich dachte, sie sei sauer, weil ich einfach abgehauen war, und sei in eine andere Richtung gegangen. Vielleicht kämpfte sie in diesem Augenblick schon um ihr Leben! Wenn ich doch nur zurückgegangen wäre!«

Patrik Eriksson war zu Hause in seiner Wohnung. Sein Gesichtsausdruck wirkte geradezu apathisch, als er ihnen die Tür öffnete und sie hereinließ. Als sie das Wohnzimmer betraten, sprang eine magere und elegante Katze vom Sofa. Sie setzte sich in der Mitte des Zimmers auf den Boden und betrachtete sie mit unergründlichen smaragdgrünen Augen. Ihr Fell war nougatbraun, die Musterung ihres Gesichts und ihre Schwanzspitze fast schwarz. Pharao war sehr schön und schien sich dessen bewusst zu sein.

»Stellas Mutter hat eine Katzenallergie, deswegen kümmere ich mich um ihn«, sagte Patrik trotzig.

»Pharao ist ein sehr schöner und teurer Kater, verstehe ich das richtig?«, fragte Irene.

»Ja. Er ist ein internationaler Champion.«

»Genau. So eine Katze lässt man doch wohl nicht frei herumlaufen?«

»Nein«, erwiderte Patrik erstaunt.

»So eine Katze hat man an der Leine. Kann ich mir die Leine von Pharao mal ansehen?«

Erst wurde Patrik leichenblass, dann puterrot. Er öffnete den Mund, um etwas zu sagen, aber kein Laut kam über seine Lippen.

Irene ging selbst in die Diele. Die Leine hing an der Hutablage. Sie war einer solchen Katze wirklich würdig. Das kleine Lederhalsband war über und über mit kleinen Anhängern besetzt. Es handelte sich um ein Modell aus geschmeidigem Leder, das von einem vergoldeten Kettchen zusammengezogen wurde. Die eigentliche Leine bestand aus goldglänzendem geflochtenen Nylon. Vorsichtig trug Irene sie ins Wohnzimmer.

Als Irene die Leine aufs Sofa fallen ließ, war ein rasselndes und klirrendes Geräusch zu hören. Langsam sagte sie: »Dieses Geräusch war zu hören, als Stella etwas auf den Beifahrersitz warf. Nicht das Klappern eines Schlüsselbunds. Marie sagte doch, dass Sie bereits Schlüssel zu Stellas Wohnung hatten. Nicht wahr?«

Entsetzt starrte Patrik auf die Leine. Sie lag da wie eine angriffslustige Kobra.

»Die Spurensicherung wird natürlich die Leine untersuchen«, fuhr Irene sachlich fort.

Mit einem halberstickten Schluchzer ließ sich Patrik in einen Sessel fallen.

»Ich habe sie getötet. Ich wollte das nicht! Ich stand hinter den Büschen und hörte, wie sie ihm erzählte, sie erwarte ein Kind. Sein Kind! Da zerbrach etwas in mir. Als er zum Platz hinunterrannte, schlich ich auf sie zu. Von hinten. Sie sah mich nicht. Ich hatte die Leine in der Hand und legte sie um ihren Hals und ...«

»Als der Professor erzählte, er sei über den Wavrinskys plats zum Egnahemsvägen gegangen, ging mir auf, dass man da auch mit dem Auto entlangfahren kann. Man fährt durch den Kreisverkehr auf die Überführung und von dort hinter die Grünanlage am Guldhedstorget. Von dort führen mehrere Treppen hinunter in die Grünanlage. Das hat Patrik getan. Er hat irgendwo oben auf der Überführung geparkt und ist zwischen den Büschen hindurchgeschlichen«, sagte Irene.

»Der Hund hätte ihn doch hören müssen?«, warf Tommy ein.

»Leider tat er das nicht. Wahrscheinlich kam der Wind aus der falschen Richtung, und er nahm nie irgendeine Witterung auf. Außerdem war er ja voll und ganz damit beschäftigt, ein Tier über den Platz und um den Teich zu jagen. Patrik kam ihnen so nahe, dass er das Gespräch von Liviander und Stella mit anhören konnte. Und ihm war natürlich klar, dass seine Hoffnungen auf eine neuerliche Beziehung mit Stella für immer zerstört waren.«

»Vielleicht hat er sich auch gedemütigt gefühlt, weil sie ihn als

Privatchauffeur und Gehilfen ausnutzte. Er hat erkannt, dass sie ihn nur benutzt hat, um Liviander treffen zu können. Der Tropfen, der das Fass zum Überlaufen brachte, war wohl der Moment, als sie die Leine auf den Beifahrersitz warf und ihm geradezu befahl, Pharao auszuführen.«

Aus dem Schwedischen von Lotta Rüegger

Johanna Nilsson

Würdest du für mich sterben?

Sie ist gerade aufgewacht. Ihr wird klar, dass sie nicht die geringste Ahnung hat, wo sie sich befindet. Definitiv am falschen Ort. Es ist dunkel. Der Boden ist kalt. Sie liegt ganz still auf der Seite, die Beine an die Brust gezogen. So schläft sie immer. Der Nacken tut weh, und ihr linker Arm ist eingeschlafen. Außer ihren eigenen Atemzügen hört sie nur ein leises Rauschen.

Heftig. Ihr Atem. Sie neigt zu Panikattacken. In Situationen wie dieser äußerst ungünstig. Nicht, dass ihr ständig solche Sachen passieren, aber sie würde trotzdem lieber zu jenen vernunftgesteuerten Menschen gehören, die sie schon immer beneidet hat.

Sie heißt Silja. (Wie die Reederei *Silja Line,* genau. Es ist zwar schön, dass ihre Eltern ihren finnlandschwedischen Wurzeln immer treu geblieben sind, aber den Namen wird sie ihnen nie verzeihen.) Sie ist vor kurzem siebenunddreißig geworden, lebt mit ihrem Mann und zwei Kindern (der Junge ist acht, das Mädchen fünf) in einem netten Reihenhaus im Süden von Stockholm und hat eine gutbezahlte Stelle als Anlageberaterin bei einer Bank.

Sie hat schulterlange, leicht strohige blonde Haare, graublaue Augen, ein Grübchen im Kinn, weder Über- noch Untergewicht, mittelgroße Brüste, die allmählich erschlaffen, einen kleinen Bauchansatz und eine Formation von Leberflecken auf dem Rücken, die – mit ein bisschen Phantasie – an den Großen Wagen erinnert. Ihre soziale Kompetenz ist durchschnittlich, sie geht zweimal die Woche ins Fitnessstudio, hat eine chronische Gastritis, selten Lust auf Sex (außer wenn sie sich in ihren Tagträumen George Clooney hingibt) und leidet an einer zeitraubenden Sucht nach Immobilienwebseiten (manchmal surft sie die ganze Nacht durch fremde Wohnungen), woraus sich vermutlich schließen lässt, dass sie weg will. Oder irgendwohin? Ginge es ihr, allein in einer Einzimmerwohnung in der Stadt, ohne Mann und Kinder, denn besser?

Silja, wie gesagt. Der noch immer nicht eingefallen ist, wo sie sich befindet und wieso. Erst muss sie sich aufsetzen und mit dem Kopf gegen etwas Kaltes und Hartes knallen. Dann muss sie vorsichtig aufstehen und den Gegenstand betasten. Ein Waschbecken? Ja, aber keins der Waschbecken zu Hause, da ist sie sich ganz sicher. Sie bewegt ihr Gesicht auf einen leichten Schimmer zu. Ein Spiegel. Dort ist eine Tür. Sie drückt die Klinke hinunter. Abgeschlossen. Etwas weiter unten findet sie den Riegel. Öffnet die Tür nach außen.

Nach einem Schritt weiß sie, wo sie ist.

In der *Galleria* draußen in Nacka. Sie ist gestern am späten Nachmittag noch hingefahren, um die letzten Besorgungen für den nächsten Tag zu machen. Sie war hundemüde, hatte irre Magenschmerzen und musste sich hinsetzen, weil ihr so schwindlig war, und ... so war es! Sie hat sich neben die Kloschüssel gelegt, es ging nicht anders, denn die Müdigkeit lähmte sie. Dann muss sie eingeschlafen sein und ausnahmsweise tief und lange geschlafen haben.

Eingesperrt im Einkaufszentrum. Nachts um zwei. Derjenige, der das Licht gelöscht und alles verriegelt hat, hat sie offenbar übersehen.

Sie kramt ihr Handy aus der Jackentasche. Vierzehn Anrufe von ihrem Mann. Wenn sie davon nicht wach geworden ist, muss sie wirklich tief geschlafen haben. Unglaublich.

Der Akku ist fast leer, aber für ein Telefonat reicht er bestimmt noch. Oder zwei. Sie könnte ihren Mann und die Polizei anrufen.

Aus irgendeinem Grund, der ihr selbst nicht klar ist, schaltet sie das Handy aus und steckt es wieder ein.

Oben in der großen Halle mit den vielen Läden, Cafés und Restaurants atmet sie tief ein und seufzt: Oh …

Sie breitet die Arme aus und wiegt sich hin und her, wendet das Gesicht zur Decke, fängt an zu kichern, dreht sich, wirbelt herum und lacht aus vollem Hals, bis ihr schwindelig ist und sie mit dem Kreiseln und dem Lachen aufhören muss, sie geht in die Hocke, stützt sich mit den Händen am Boden ab und lässt den Kopf hängen, der vor lauter inneren und äußeren Ansprüchen kurz vorm Platzen ist. Und sie versucht auch noch, allen gerecht zu werden. So blöd ist sie.

Jetzt vor Weihnachten hat sich die Lage zugespitzt. Sie ist die Fliege vor dem dunklen Staubsaugerrohr, die mit dem Gedanken spielt, einfach aufzugeben, weil sie sich fallen lassen und in ein Ufo verwandeln möchte, in ein psychisches Wrack, das nicht um die üppige Weihnachtstafel hüpft und die Verwandtschaft in Stimmung bringt, sondern mutterseelenallein durch eine psychiatrische Abteilung schlurft, wo man von ihr nur erwartet, dass sie »zur Ruhe kommt und mal an sich denkt«.

Sie hat keine Ahnung, wie es so weit kommen konnte, aber wahrscheinlich ist sie einfach eine Meisterin darin, die Dinge zu verkomplizieren, und kann deshalb schlecht nach dem Motto *carpe diem* leben.

Ihr Magen knurrt. Sie hat Hunger.

Vorsichtig steht sie wieder auf und geht in der dunklen *Galleria* spazieren. Außer dem Echo ihrer Schritte ist kein Laut zu hören. Aufregend. Sie findet das Ganze tatsächlich spannend, ist zwar ein klein wenig nervös, fühlt sich aber ziemlich gut ... und frei.

Endlich allein.

Wahrscheinlich hat sie so tief geschlafen, weil sie das Schnarchen ihres Mannes nicht hören musste. Eigentlich wollte sie ihm eine Schnarchschiene zu Weihnachten schenken, aber der Wink wäre vermutlich an ihm abgeprallt: »Du übertreibst, Liebling, wenn ich wirklich so laut schnarchen würde, müsste ich doch davon aufwachen.«

In vielerlei Hinsicht ist er ein Stinkstiefel, doch sie liebt ihn heiß und innig. Sie seufzt. Hat Sehnsucht. Lässt das Handy aber trotzdem in der Tasche.

Alle Geschäfte sind abgeschlossen, nur das Café in der Mitte der *Galleria* hat keine Türen. Nichts hält sie davon ab, in der kleinen Küche herumzuschnüffeln.

In der Mikrowelle wärmt sie sich ein großes Stück Apfelkuchen auf und kippt großzügig Vanillesauce darüber. Dazu macht sie sich einen Instantkaffee, weil sie diese modernen Espressomaschinen nicht versteht. Sie setzt sich im terrassenförmigen Obergeschoss an eins der runden Tischchen und verzehrt die erste Mahlzeit in ihrem Leben, die sie sich unrechtmäßig angeeignet hat. Herrlich. Nicht nur, weil der Kuchen so gut schmeckt, sondern weil es verboten ist. Sollte sie den Beruf wechseln? Sie kichert. Ob ihr Mann sie wohl vermisst? Ob er die Polizei benachrichtigt hat? Vielleicht sitzt er weinend zu Hause und weiß plötzlich wieder, warum er sie geheiratet hat und sein Leben mit ihr verbringen wollte. Haben die Kinder schon gemerkt, dass sie nicht mehr da ist, und malen sich abenteuerliche Was-ist-bloß-mit-Mama-passiert-Geschichten aus?

Geräusche. Von Schritten. Da die Füße nicht schleichen, ahnt die Person vermutlich nicht, dass sie hier sitzt und ihre Beute verputzt. Sie hört auf zu essen. In der einen Hand hält sie die klebrige Kuchengabel, in der anderen die Kaffeetasse. Sie rührt sich nicht von der Stelle.

Plötzlich sieht sie unten eine dunkel gekleidete Gestalt näher kommen, die in der einen Hand eine Taschenlampe hält und in der anderen einen Gegenstand, den sie nicht näher erkennen kann.

Behutsam legt sie den Löffel auf den Tisch. Dann stellt sie die Kaffeetasse ab. Ein minimales Klirren. Sie zittert. Schweiß rinnt ihr aus den Achselhöhlen. Sie will runter vom Stuhl, auf den Fußboden, sich verstecken, den Notruf wählen, »Hilfe« in ihr Handy flüstern und dann beten und hoffen, dass sie ihre Kinder noch einmal wiedersieht.

Es könnte sich auch um einen Nachtwächter handeln. Sie versucht, sich zu beruhigen, aber irgendetwas – genauer gesagt, ein Gefühl im Bauch – sagt ihr, dass das kein Nachtwächter ist.

Sie schiebt ihren Stuhl ein kleines Stück zurück, obwohl dabei unweigerlich ein Geräusch entsteht. Sie muss es tun, bevor

Wer-auch-immer hier ist. So. Nun kann sie unter den Tisch rutschen.

In ihrem Hals steckt ein fieser Klumpen aus Fast-Weinen und Angst. Sie tastet nach ihrem Handy. In der Tasche ist es nicht. Sie sucht weiter. Nein, nein, nein! Es muss herausgefallen sein, als sie nach den Drehungen auf dem Boden hockte. Ein unerreichbarer Retter in der Not. Sie flucht stumm und kaut an den Nägeln.

Die Schritte sind nun ganz nah. Die Person bleibt stehen. Beim Café – klar. Stuhlbeine schaben über den Fußboden, und ein Gegenstand wird auf den Tisch gelegt. Dann ist Ruhe.

Sie wartet und wartet. Eine Viertelstunde vergeht, eine halbe Stunde, eine ganze. Hin und wieder verraten Geräusche, dass die fremde Person noch da ist.

Als eineinviertel Stunden um sind, hat sie nicht nur ihre Nägel komplett abgekaut, sondern muss auch aufs Klo. Groß.

Sie beschließt, sich nicht mehr wie ein Angsthase zu verhalten, sondern den Stier bei den Hörnern zu packen.

Sie kriecht aus ihrem Versteck, richtet sich auf und geht die Treppe hinunter.

»Wer bist du?«

Unten erwartet sie kein Stier, sondern ein junges Mädchen, höchstens zwanzig, ganz in Schwarz, eine Kapuze auf dem Kopf, die Augen mit Kajal umrandet und in der Hand eine auf sie gerichtete Pistole.

»Ich …«, Silja starrt in die Mündung, »… habe geschlafen. Oder besser gesagt, ich bin auf der Toilette eingenickt und war plötzlich hier eingesperrt …«

Sie verstummt. Schluckt und schluckt. Ihr T-Shirt ist durchnässt und der Puls rast.

»Ich muss übrigens schon wieder aufs Klo, dringend …«, fährt sie mit bebender Stimme fort, »sonst mache ich mir in die Hose. Nimm bitte das Ding weg …«

Sie deutet auf die Pistole. Die sich keinen Millimeter bewegt. Das Mädchen starrt sie unerbittlich mit ihren dunklen Augen an, als wolle es auf diese Weise erforschen, ob sie die Wahrheit sagt.

»Okay«, sagt sie schließlich. »Du kannst aufs Klo. Aber keine Tricks, sonst schieß ich mir den Kopf weg.«

»Wie bitte?«

»Ich schieß mir den Kopf weg.«

»Äh … und ich?«

»Quatsch nicht, sondern geh endlich kacken.«

Silja rennt los. Auf der Toilette verspürt sie eine derartige Erleichterung, dass sie sich kurz pudelwohl fühlt. Bis ihr das Mädchen mit der Pistole wieder einfällt, das vor der Klotür Wache hält. Sie spült, wäscht sich die Hände – und entdeckt neben der Kloschüssel ihre beiden Einkaufstüten. Tatsächlich. Diese Kabine muss eine besondere Anziehungskraft auf sie ausüben.

»Was ist das?«, fragt das Mädchen.

»Weihnachtsgeschenke. Genau hier bin ich gestern eingeschlafen …«

»Kapitalistenschwein.«

»Bitte?«

»Merkst du nicht, dass die dich verarschen? Du erstickst doch zu Hause in dem Krempel, oder?«

Silja schweigt. Diese aggressive junge Dame würde ihr sowieso widersprechen und noch wütender werden. Egal, was sie sagt.

»Es tut mir leid.« Das Mädchen wirkt plötzlich wie eine verblühte Blume. »Ich hatte nicht erwartet, hier jemanden zu treffen.«

»Mich hat es auch überrascht«, sagt Silja. »Wie bist du überhaupt hereingekommen? Warum ...«

»Ich habe mit dem Hausmeister geschlafen und mir so die Schlüssel und die Sicherheitscodes verschafft. Kinderleicht. Männer sind so dumm. Die denken, nur Frauen werden ausgenutzt. Aber was die können, können wir schon lange, oder?«

»Klar. Was machst du hier eigentlich? Wozu die Waffe ...«

»Ich werde allen geschenkfixierten Menschen eine Lektion erteilen, damit sie in Zukunft nicht mehr gedankenlos konsumieren, sondern sich auf die wahre Weihnachtsbotschaft besinnen. Wir sollen einander so lieben, wie wir sind, weil wir ... äh ... so und nicht anders sind.«

Silja lacht herzlich. Sie weiß zwar, dass das unklug ist, aber sie kann sich nicht zurückhalten. Die leeren Phrasen erinnern sie an klebrige Kröten, die dem Mädchen quakend aus dem Mund hüpfen.

»Schnauze! Ich meine es ernst! Wenn alle so weitermachen, schieße ich mir den Kopf weg.«

Silja bekommt Bauchschmerzen, die nichts mit ihrer Magenschleimhaut zu tun haben, sondern mit dem unkontrollierbaren Lachkrampf.

»Oder ich bringe dich um.« Das Mädchen schiebt ihr die Pistole zwischen die Lippen.

Die Kröten verziehen sich. Die Bauchkrämpfe auch. Silja wird sterben. Silja schwebt durch den leuchtenden Tunnel. Silja glaubt wieder an Gott – von dem sie sich kurz nach der

Konfirmation abgewendet hat, weil er ihr weder zu einem festen Freund noch zu größeren Brüsten, guten Noten oder einem anderen Lebensinhalt verhalf, an den sie sich hätte klammern können. Silja weint leise vor sich hin, weil der Tod in ihrem Mund steckt und die glänzenden Augen des Mädchens sie fixieren.

»Du oder ich, oder wir beide! Wenn die nicht aufhören, alles kaputtzumachen!« Das Mädchen zieht die Pistole heraus.

Silja ringt keuchend nach Luft. Sie ist kurz davor, zu hyperventilieren und eine Panikattacke zu bekommen, aber nach einigen tiefen Atemzügen hat sie sich, zumindest vorübergehend, wieder im Griff.

»Komm.« Das Mädchen wedelt mit der Waffe. »Lass uns ins Café gehen. Ich habe Hunger. Du hast doch vorhin dort gegessen. Haben die etwas Leckeres? Vielleicht ist es meine letzte Mahlzeit.«

Eine Verrückte, denkt Silja, während sie mit gesenktem Kopf vor dem Mädchen herschleicht, das ihr die ganze Zeit eine Pistole zwischen die Schulterblätter drückt. Irgendetwas in der Richtung. Vielleicht hat sie eine Zwangsneurose. Fühlt sich berufen, die Menschheit durch Selbstmord vom Kapitalismus zu befreien. Wie kommt sie bloß aus dieser Nummer wieder heraus?

»Ich heiße Katja.« Das Mädchen durchwühlt die Küche nach Essbarem, das ihr für ein eventuell letztes Mahl geeignet erscheint.

»Silja.«

»Was?«

»Silja.«

»Wie *Silja Line?*«

Silja nickt seufzend und macht sich auf höhnisches Gelächter gefasst.

»Schön.« Katja nimmt sich eine Orangenlimo und einen großen Schokomuffin aus dem Kühlschrank.

Die Pistole hat sie neben sich auf den Fußboden gelegt.

Ich könnte mich blitzschnell nach vorne beugen, überlegt Silja. Mich sozusagen auf die Pistole werfen. Das müsste klappen.

»Wir gehen nach oben«, sagt Katja, bevor Silja sich ein Herz fassen kann.

Sie greift wieder nach der Pistole und hält Limo und Schokomuffin mit der anderen Hand fest.

»Nimm das Ding mit.« Sie deutet auf ein Megaphon. Eins von denen, die bei politischen Demonstrationen zum Einsatz kommen.

Silja gehorcht und geht vor Katja ins obere Stockwerk des Cafés. Sie setzen sich an einen Tisch. Katja wirft einen Blick auf ihre Armbanduhr. Viertel nach drei.

»Wir haben noch etwas Zeit.«

»Wie meinst du das?«, fragt Silja.

»Uns vor der Aktion kennenzulernen.«

»Da mache ich nicht mit ...«

»Dann erschieße ich dich jetzt gleich. Herz oder Kopf?«

»Wie bitte?«

»Stell dich nicht dümmer, als du bist. Herz oder Kopf?«

Silja schließt die Augen. Ihre Mundhöhle schmerzt, und nun bekommt sie auch noch pochende Kopfschmerzen.

»Ich will noch nicht sterben«, stammelt sie. »Nicht, bevor ich ... weiß, wie ich wirklich leben will.«

Sie öffnet die Augen und betrachtet Katja, die ihre Limo schlürft und an dem Megaphon herumfummelt, mit dem sie in wenigen Stunden ihre Predigt »an das verarschte Volk« halten will.

»Midlifecrisis?«, fragt Katja.

»Keine Ahnung«, erwidert Silja. »Eher eine Dauerkrise …«

Wozu rede ich überhaupt mit dem durchgeknallten Mädchen, fragt sie sich und verstummt. Ich sollte lieber den Mund halten. Bloß nicken, als würde ich ihr in allem recht geben.

So wie die Dinge liegen, ist Silja jedoch extrem therapiebedürftig – das hat sie schon viel zu lange verdrängt –, und daher: »Ich habe schon immer viel gegrübelt, ohne je zu einem Schluss zu kommen«, fährt sie fort, »und als ich heute Nacht auf der Toilette aufwachte und begriff, was passiert war, dachte ich, jetzt werde ich wahrscheinlich verrückt, so richtig, meine ich, nicht nur ausgebrannt … Ich weiß auch nicht. Es tut mir leid, dass ich so viel rede. Die ganze Geschichte … stresst mich ein bisschen. Deine Pistole und so. Ich verstehe auch nicht ganz, was du vorhast und was das alles soll. Wieso willst du dich umbringen? Wie alt bist du überhaupt?«

Es dauert ein wenig, bis Katja antwortet.

»Siebzehn.« Sie streift die Kapuze ab und entblößt eine dunkle Mähne, die über die Augen fällt.

»Und du willst sterben?«, fragt Silja.

»Wollen ist vielleicht das falsche Wort«, sagt Katja. »Es geht nicht anders. Ich muss etwas gegen diese kranke Welt unternehmen. Immer soll man stark, erfolgreich, sozial, individuell und wahnsinnig glücklich sein. Ich halte das nicht mehr aus. Ich mache das nicht mehr mit. Ich will zu Weihnachten eine Umarmung verschenken, ohne dass meine eigenen Geschwister mich als Geizhals bezeichnen. Oder jemand anders. Würdest du dich freuen, wenn du zu Weihnachten von deinem … Bist du verheiratet?«

»Ja.«

»Hetero oder Homo?«

»Äh … Hetero.«

»Okay. Was würdest du sagen, wenn dich dein Mann statt eines sauteuren Geschenks einfach umarmt?«

»Er kauft mir keine teuren Geschenke … manchmal schon, aber keine Diamanten oder so, wir sind nicht reich … das Übliche eben.«

»Beantworte meine Frage.«

»Ich würde mich wahrscheinlich wundern.«

»Und?«

»Ehrlich gesagt, wäre ich ziemlich sauer, weil ich ihm immer etwas Besonderes schenke. Ich würde den ganzen Abend schmollen und noch intensiver über eine Scheidung nachdenken. Nicht, dass ich ihn nicht liebe, aber ich bin …«

»Unglücklich?«

»Genau.«

Lächelnd beißt Katja in den Schokomuffin.

»Du bist wenigstens ehrlich«, murmelt sie mit vollem Mund. »Das gefällt mir. Die meisten Menschen würden in deiner Situation nur rumschleimen und mir in den Arsch kriechen. Als wären sie Mutter Teresa.«

»Möchtest du wie Mutter Teresa sein?«

»Die rennt doch nicht mit einer Pistole herum und bedroht andere Menschen. Außerdem bin ich keine Nachmacherin. Mutter Teresa, Nelson Mandela und die ganzen anderen Heiligen sind tolle Vorbilder, aber ich bin ich und stelle meine eigenen Regeln auf, ich habe mein eigenes Evangelium.«

»Evangelium?«

»So etwas in der Art. Eine Botschaft. Aus Fleisch und Blut. Ich will mich in keinem Blog und keiner Boulevardzeitung äußern und auch nicht auf einer uralten Kanzel stehen, die von der jahrtausendelangen Heuchelei der Kirche angefault ist.«

»Bist du religiös?«

»Ein bisschen. Aber ich glaube nicht an das Jüngste Gericht.«

»Sonst würdest du es auch nicht wagen.«

»Mich umzubringen?«

»Ja.«

»So weit habe ich noch gar nicht gedacht.«

»Hast du dir überhaupt Gedanken gemacht? Ist dein Entschluss gut durchdacht?«

»Manche grübeln zu viel und bringen nie etwas Konkretes zustande. So wie du. Ich mache es umgekehrt.«

Sie hat recht, denkt Silja. Ich denke immer nur nach, aber ich bekomme nie den Hintern hoch. Wie oft wollte ich schon ein Sabbatjahr nehmen und diesen Schauspielkurs an der Volkshochschule belegen? Ist doch egal, dass ich doppelt so alt wie die anderen bin. Ich will es doch. Und seit wie vielen Jahren rede ich schon davon, dass ich wahnsinnig gerne mal nach Island fahren, auf einem Islandpferd reiten und in einer heißen Quelle baden würde? Seit zehn Jahren. Mindestens. Wie armselig.

»Bitte bring dich nicht um.«

»Du willst doch nur deine eigene Haut retten«, erwidert Katja.

»Ich gebe dir einen guten Rat. Fang an, zu leben. Verschwende deine Energie nicht. Engagiere dich für etwas, das der Gesellschaft mindestens so viel nützt wie das hier. Du könntest dich verlieben, die Welt bereisen, studieren, Kinder bekommen ...«

»Und wenn ich meine Kinder nicht mag? Wenn ich keine Zeit für sie habe? Vielleicht nerven sie mich nur.«

Stille. Ziemlich lange. Katja rollt die letzten Krümel ihres Schokomuffins zusammen.

»Du brauchst doch nicht die Fehler deiner Eltern zu wiederholen.« Silja glaubt, die Hintergründe von Katjas Wut zu erahnen.

Ihr Hass richtet sich zwar scheinbar nach außen, aber in Wirklichkeit wendet er sich gegen sie selbst.

»Ich habe sie umgebracht«, sagt Katja.

»Bitte?«

»Bevor ich hierher kam, habe ich sie umgebracht.«

Noch bevor Siljas Gehirn begreift, was Katja da gerade gesagt hat, wird ihr Würgreflex ausgelöst und der ganze Apfelkuchen landet auf dem Tisch. Katja weicht instinktiv zurück. Silja schluchzt noch ein paar Mal und geht dann ebenfalls auf Abstand. Verwirrt starrt sie Katja an.

»Du lügst«, sagt sie. »Das muss eine Lüge sein. Hör mir zu! Du lügst!«

Sie steht auf und schreit weiter. Versteht ihr eigenes Wort nicht. Aus ihrem Mund strömen unanständige Wörter, Flüche und eine Standpauke, die sich gewaschen hat. Als sie fertig ist, sinkt sie wieder auf den Stuhl, wischt sich den Mund am Ärmel ab und schluckt ein saures Aufstoßen hinunter.

Katja hat die Schimpftirade regungslos über sich ergehen lassen. Nun blickt sie Silja ins Gesicht. Die Pistole liegt auf ihrem Schoß. Sie weint.

»Es geht gar nicht um Konsum, Geld und überflüssige Weihnachtsgeschenke, nicht wahr?«

Keine Antwort, nur Tränen.

»Kann ich dir irgendwie helfen?«

Katja weint immer heftiger. Das Schluchzen hallt von den Wänden wider, es ist fast unheimlich. Siljas Kopfschmerzen nehmen mit jeder Träne zu, die Katja vergießt. Sie hat das Gefühl, sich noch einmal übergeben zu müssen.

»Würdest du für mich sterben?«, schnieft Katja.

Da Silja den Sinn dieser Worte nicht sofort begreift, sieht sie Katja fragend an. Nun tun ihr auch noch die Augen weh, sie kann sie kaum noch offen halten.

»Wenn du für mich stirbst, lebe ich weiter«, sagt Katja. »Wenn du dich für mich opferst. So wie Jesus für die Menschen. Davon will ich ja erzählen. Von der wahren Weihnachtsbotschaft. Verzeih mir, das war gelogen. Ich darf jetzt nicht lügen. Dafür ist es zu wichtig. Wir beide sind wichtig. Es geht nicht um Weihnachten. Jedenfalls nicht nur. Es geht um meine eigene Botschaft. Ich bin etwas wert. Das sollst du der Welt zeigen. Dann werden die Leute begreifen, dass sie so etwas auch füreinander tun sollen. Sie müssen nicht gleich füreinander sterben, aber sie könnten mehr tun, als sich jedes Jahr Weihnachtsgeschenke zu überreichen, die sie danach sowieso wieder umtauschen. Man schenkt doch nur aus Pflichtgefühl und nicht, weil man dem anderen wirklich etwas geben will.«

Silja schweigt eine Weile und schließt die schmerzenden Augen. Ihr Kopf bemüht sich fieberhaft, das Chaos zu begreifen, zu entwirren und sich daraus zu befreien. Alles, nur nicht sterben.

Sie oder ich, denkt Silja. Wenn ich sie töten muss, um mein

Leben zu retten, dann tu ich es. Sie ist eine Fremde. Natürlich nur ein verwirrtes und verängstigtes kleines Mädchen, aber ich werde mich ganz bestimmt nicht für sie opfern. Sie ist wahnsinnig. Irgendwie müsste ich sie doch überlisten können. Denk nach, Silja, denk nach!

Unter Schmerzen öffnet sie die Augen wieder.

»Wie erfahren die Menschen von meiner Tat?«

Katja schnappt nach Luft.

»Du willst es also wirklich tun?«, fragt sie. »Für mich hat noch niemand etwas getan, kein Mensch, und jetzt kommst du ... Du musst ein Engel sein. Ich weiß es. Du bist wirklich ein Engel.«

Silja nickt und streckt ihre Hände aus, als wolle sie Katja streicheln, doch in Wahrheit hat sie es auf die Pistole abgesehen.

»Gib sie mir!«

Katja legt wortlos die Hand auf die Waffe.

»Ich muss es selbst tun«, sagt Silja. »Nur so funktioniert es. Sonst wirst du nicht befreit sein.«

Katja überlässt Silja die Waffe.

Silja, die noch nie eine Waffe in der Hand hatte, fängt plötzlich an zu zittern.

»Wie geht es dir?«, fragt Katja.

»Schlecht!«, zischt Silja.

»Ganz ruhig. Tief einatmen. Denk an nichts Besonderes. Drück einfach ab. Dann ist es vorbei. Es tut nicht weh.«

»Ach ja? Woher weißt du das?«

»Engel fühlen doch keinen Schmerz, oder?«

»Glaubst du wirklich, dass ich ein Engel bin?«

Katja erstarrt.

»Ja.«

Silja weiß nicht, ob sie lachen oder weinen soll. Sie tut gar nichts. Sitzt bloß mit der Pistole in der Hand da und zittert wie verrückt.

»Es ist viel zu heiß hier«, sagt sie.

Sie ist vollkommen durchgeschwitzt und hat noch immer den Geschmack von Erbrochenem im Mund. Am liebsten würde sie jetzt duschen und sich die Zähne putzen.

»Mir ist übel.«

»Sollen wir woanders hingehen?«, fragt Katja. »Die Kotze ...«

»Ich habe Durst.«

Silja rennt die Treppe hinunter ins Café, spült sich den Mund mit eiskaltem Wasser aus und wäscht sich Gesicht und Hände. Die Pistole liegt neben ihr auf der Arbeitsfläche. Katja steht einige Meter weit entfernt. Wartet darauf, dass der Engel sich den Kopf wegschießt.

Doch der Engel richtet die Pistole auf sie.

»Was soll das?«, fragt Katja.

»Du oder ich«, erwidert Silja.

»Du hast es versprochen.«

»Auch Engel können lügen.«

»Hat Gott gesagt, dass du mich töten sollst?«

»Aus welcher Klinik bist du denn weggelaufen?«

»Ich bin nicht krank!«

»Wie heißt die Klinik?«

»Erschieß mich doch!«

»Antworte mir!«

»Schieß doch!«

»Du hast sie nicht umgebracht.«

»Was?«

»Sag, dass du deine Eltern nicht umgebracht hast.«

»Habe ich aber.«

»Das kannst du gar nicht. Du bist keine Mörderin. Denkst du, ich merke nicht, dass du ein ängstliches kleines Mädchen bist? Was du hier veranstaltest, ist doch nur ein selbstmitleidiger Hilfeschrei. Aber ich spiele da nicht mit. Auf keinen Fall. Ich will nämlich nach Hause, zu meinen Kindern und meinem …«

»Du willst dich doch scheiden lassen.«

»Nein, ich …«

»Wenn du stirbst, wird er dich viel mehr lieben, und alles Böse, was du je getan hast, wird dir verziehen werden. Die Toten kommen billig davon.«

»So ein Unsinn.«

»Warum erschießt du mich nicht?«

»Das werde ich!«

»Wieso?«

»Aber …«

»Warum?«

»Du bettelst doch darum.«

»Zuerst willst du mich umbringen. Dann willst du nicht mehr mitspielen und sagst, ich wäre zu jung zum Sterben. Entscheide dich endlich!«

»Du hast sie also erschossen?«

»Warum bist du so auf meine Eltern fixiert? Die sind doch völlig wertlos.«

»Sind?«

»Was?«

»Du sagtest ›sind‹, nicht ›waren‹. Leben sie noch?«

»Nein, ich …«

Langes Schweigen. Katja weint wieder. Heulsuse, denkt Silja, schämt sich aber für den kaltherzigen Gedanken, weil Katja noch so jung ist.

Sie könnte meine Tochter sein. Und ich stehe hier und richte eine Pistole auf das arme Kind. Eigentlich müsste ich auch in eine Klinik. Mit Zwangsjacke und so. Das volle Programm. Sie steckt mich an mit ihrem Wahnsinn. Ich muss die Sache jetzt zu Ende bringen.

Silja lässt die Pistole fallen. Katja wankt, sinkt zu Boden, kauert sich zusammen und fängt laut an zu heulen. Silja sackt ebenfalls in sich zusammen, krabbelt an der Pistole vorbei auf Katja zu, tätschelt ihr den Rücken und flüstert tröstende Worte, wie sie es bei ihren Kindern immer macht, wenn sie traurig oder aufgeregt sind.

»Ich will doch nur existieren dürfen«, schluchzt Katja. »Einfach nur da sein, einfach ich selbst.«

»Na klar«, sagt Silja. »Ich weiß genau, was du meinst.«

Ganz genau weiß sie es zwar nicht, aber so in etwa.

»Ich habe dich lieb«, murmelt Katja.

Wenige Sekunden später ist sie eingeschlafen. Silja beugt sich noch lange über sie, bestürzt und gerührt zugleich. Dann legt sie sich neben die schlafende Katja und wundert sich, was diese Nacht ihr beschert hat.

Ein kleiner Engel ist zu ihr gekommen, direkt in ihr Herz. Zerzaust und ramponiert, aber ein Engel. Was soll sie mit der Kleinen machen? Sie der Polizei oder dem Jugendamt übergeben, sie einfach laufen lassen oder sie … mit nach Hause nehmen … und retten?

Wie denn retten?

Morgen ist Weihnachten, denkt Silja. Besser gesagt, heute. Sie sieht auf die Uhr. In sieben Stunden steht die Verwandtschaft vor der Tür, strömt ins Haus und will glücklich sein. Ist das so schlimm? Warum rege ich mich überhaupt so auf?, fragt sie sich. Vielleicht mögen sie mich auch, wenn ich nicht die Stimmungskanone gebe? Wenn ich nicht jedes Gericht auftische, das zu einem traditionellen Weihnachtsessen gehört? Wenn ich ihnen nur eine Umarmung schenke?

Sie dreht sich auf die Seite, zieht die Beine an die Brust und betrachtet Katjas schlafendes Gesicht. Hinter ihr liegt die Pistole. Sie müsste sie vor dem Einschlafen verschwinden lassen. Am besten wischt sie die Fingerabdrücke ab und versteckt die Waffe, falls Katja plötzlich aufwacht. Vielleicht ist das Mädchen wirklich verrückt und begeht eine Dummheit … Vielleicht ist das Ding gar nicht geladen. Das wäre beinahe witzig. Aber warum sollte sie nicht geladen sein? Sie ist bestimmt geladen, falls das Ganze nicht nur ein Spiel ist, das Spiel eines kleinen Mädchens, einfach nur ein Spiel …

Aus dem Schwedischen von Katrin Frey

Leif Davidsen

Eine Weihnachtskarte aus der Vergangenheit

Magnus Bjerg hielt sich selbst für einen vom Glück begünstigten und privilegierten Menschen. An diesem grauen Novembervormittag, an dem ein überraschender Schneesturm den Garten in eine dicke Schneedecke hüllte und Autos und Menschen zu heftigen Rutschpartien zwang, war er zwar leicht erkältet, trank aber zufrieden seinen Tee und schaute sich im behaglichen Wohn- und Esszimmer um. Anne hatte sich mit ihrem Sohn Torsten kampfesmutig auf den Weg zur Schule gemacht, Magnus dagegen wollte sich einen wohlverdienten freien Tag gönnen. Das Fernsehen kündigte die ganztägige Übertragung königlicher Feierlichkeiten an, aber die Leute sollten sich diesen royalen Unfug ansehen, so viel sie wollten, er wollte einen guten Krimi lesen und sich über sein Glück und die neue Zukunft seiner Familie freuen. Später würde er sich dann in den Schnee hinauswagen und etwas Gutes zu essen und einen teuren Rotwein kaufen und die Bombe erst hochgehen lassen, wenn sie gemütlich am Tisch saßen: Weihnachten würden sie in diesem Jahr in Boston feiern, wo sie bei Joe und Sandra wohnen konnten, während sie sich nach einem Haus umsahen, das sie für die kommenden zwei Jahre als das ihre betrachten dürften.

Er unterbrach seine Überlegungen. Glück war absolut das falsche Wort. Hier war nicht die Rede von Glück, sondern von harter Arbeit. Von langen Stunden im Labor oder am Schreibtisch, vertieft in wissenschaftliche Literatur, oder vor dem Computer, wo er einen weiteren Artikel verfasste. »Publish or perish«, wie sie over there sagten. Doktor der Biologie wurde man nicht ohne Schweiß, Intelligenz und einen kräftigen Hosenboden. Er hatte diese Belohnung verdient. Anne hatte zwei gute Jahre in den USA verdient, ohne die Angst oder das Gefühl der Unzulänglichkeit, von dem Magnus ahnte, dass sie es jeden Morgen empfand, wenn sie sich auf den heruntergekommenen Kampfplatz begab, der in Dänemark als »Grundschule« bezeichnet wurde. Auch Torsten würde dieser Aufenthalt in den USA guttun. Er würde einer fünften Klasse entkommen, in der er sich absolut nicht wohl fühlte. Die englische Sprache würde ihm in den Schoß fallen. Und vielleicht – vielleicht würden sie ja für immer dort bleiben können?

Seit fünfzehn Jahren schlug er sich nun schon mit Stipendien und Fonds durch. Jedes zweite Jahr musste er selber für sein Einkommen sorgen. In den USA dagegen kannte man den Wert eines guten Forschers. Auch in Dollars und Cents. Ihm und Anne fehlte es eigentlich an nichts, sie waren es nur leid, immer gerade so zurechtzukommen. Er wünschte sich so sehr, einmal mehr als genug zu haben. Er war ein Mensch, der Veränderung und Ellenbogenfreiheit brauchte. Ein großes Haus. Ein großes Auto. Ein großes Gehalt. Ein großes Land. Kurz gesagt, Platz. Er wurde ja auch nicht jünger.

Er musste aufstehen und ein wenig hin und her laufen. Ein Buch aus dem Regal ziehen, zerstreut darin herumblättern.

Der Schnee tanzte draußen im Garten ein wildes Ballett, der Wind schien sie ständig im Kreis herumzuwirbeln. Oder vielleicht waren die Flocken gefangen und fanden den Weg über den Zaun nicht. Magnus kamen plötzlich Zweifel. Vielleicht sollte er doch noch mit seiner Mitteilung warten? Der Arbeitsvertrag war ja noch nicht unterschrieben, wenn Joes Worte am Telefon auch keinen Zweifel übriggelassen hatten:

»Der Job gehört dir. Die Fakultät hat gestern Abend alles abgesegnet. Der Rest ist nur noch Formsache. No problems. No snags.«

Er konnte einfach keine Ruhe finden. Er setzte sich wieder an die *Berlingske Tidende*. In der Zeitung wimmelte es nur so von Geschichten über die königliche Familie. Sowohl die Fernsehzeitschriften als auch die seriöse Tagespresse waren inzwischen fast oder ganz zu einer Illustriertenabart geworden. Es würde guttun, morgens die *New York Times* zu lesen. Und andere Zeitungen, die noch verschiedene Sichtweisen kannten. Statt des Geplauders und Geplappers im dänischen Ententeich. Die Auslandsseiten gaben schon etwas mehr her. Neue Terroranschläge in Russland. Würde es im Irak denn niemals Frieden geben? Neue Meldungen über geheime Archive aus Russland und der DDR. Endlich waren die Codes geknackt worden, mit denen die allergeheimsten Stasi-Unterlagen gelesen werden konnten. Offenbar waren die Codeschlüssel seit dem Fall der Mauer in den USA aufbewahrt worden, doch vor einigen Monaten waren sie von dort den europäischen Verbündeten der USA ausgehändigt worden.

Magnus schenkte sich neuen Tee ein und dachte für einen Moment kurze zwanzig Jahre zurück, denn damals hatte er häufiger mit Russen zu tun gehabt. Er war drei- oder viermal nach Moskau eingeladen und dort überaus zuvorkommend empfangen worden. Und das in mehrfacher Hinsicht, aber na und? Was Anne nicht weiß, macht sie nicht heiß. Vielleicht waren die russischen Labors nicht so sauber und fortschrittlich gewesen wie die dänischen, aber an den Gehirnen hatte niemand etwas aussetzen können. Der Kalte Krieg war ein Dreck gewesen, und Magnus hatte die Kalten Krieger immer verachtet. Nur durch internationale Zusammenarbeit konnte die Forschung weiterkommen und neue Erfolge erzielen, die für die Menschheit von wirklicher Bedeutung waren.

Der Postbote kämpfte sich durch den Schneesturm. Nicht einmal in einer anständigen Wohnsiedlung wie dieser wurden die Straßen noch richtig vom Schnee befreit. Sein Land verfiel, und die Einsparungen trafen die Forschung und die Schulen, die wichtigsten Rohstoffe des Landes. Der Postbote hatte sich seinen Schal um das Gesicht gewickelt, als er den Poststapel in den Briefkasten stopfte. Magnus wartete schon hinter dem Vorhang und ging erst nach draußen, als der Postbote mit seinem gelben Fahrrad weitergestapft war. Die Post bestand vor allem aus Werbung und den ersten Weihnachtskatalogen. Und dann gab es noch einen einzelnen Brief ohne Absender, der ihm irgendwie offiziell vorkam. Das Papier des Briefumschlags war ziemlich dick. Er öffnete ihn. Der Brief stammte vom PET, dem polizeilichen Nachrichtendienst, wie Magnus überrascht feststellte. Er bestand aus einigen wenigen Zeilen. Ob er freundlicherweise in Verbindung mit seiner Reise in die USA auf der Wache vorbeischauen könnte. Unterzeichnet hatte diesen Brief ein gewisser Nils Hovborg, Kriminalkommissar. Mittwoch, elf Uhr vormittags.

Magnus wusste, dass das Hauptquartier des PET in einem

ganz anderen Stadtteil lag, aber er ging davon aus, dass diese Geheimtypen dort keine normalen Sterblichen zu sehen wünschten und ihn deshalb zur Wache vorgeladen hatten. Denn »Vorladung« war das Wort, mit dem er diese Aufforderung in Gedanken bezeichnete. Magnus verstand den Brief nicht, und er vergiftete wie eine Schlange das ansonsten so schöne Wochenende. Anne gegenüber erwähnte er ihn nicht, aber der Brief schwebte die ganze Zeit in seinem Hinterkopf herum, ob sie nun aßen, sich entspannten, spazieren gingen oder sich liebten. Anne war glücklich gewesen, als er ihr von den USA erzählt hatte. Sie hatte sich für ihn gefreut, aber sie hatte diesen Plan auch für ein Abenteuer gehalten. Denn, das wusste Anne, er brauchte Veränderung. Sonst würde er nur noch in Panik geraten. Sie sehe die Tendenzen, sagte sie scherzend. Sogar Torsten freute sich über alle Maßen, vor allem bei dem Gedanken daran, dass er auf diese Weise seiner Schule entkommen würde.

Es fiel Magnus deshalb schwer, von dem Brief zu erzählen, den er inzwischen insgeheim die »Weihnachtskarte vom PET« nannte. Er begnügte sich damit, am Montag von seinem Büro aus den Termin zu bestätigen. Nils Hovborg hatte eine sympathische Stimme und erklärte, es sei alles eine reine Formsache. Al-Qaida und der übrige internationale Terrorismus hätten die Amerikaner ungeheuer vorsichtig und genau werden lassen. Nils Hovborg dankte ihm dafür, dass er sich die Zeit nehmen wollte, um diese kleine Formalität aus dem Weg zu räumen.

Am Mittwoch, als er vor der Wache in Kopenhagen parkte, hatte Tauwetter eingesetzt. Er ging durch das große, bedrückende Gebäude und musterte die Säulen, die eine solche

Macht trugen. Wie viele seiner Generation hatte er ein gespaltenes Verhältnis zur Ordnungsmacht. In seiner Jugend war nur von Bullerei und Lakaien des Imperialismus die Rede gewesen, aber das war so lange her, dass er es eigentlich vergessen hatte. Heutzutage hatte er mit der Polizei nichts mehr zu tun. Er hätte sich auch nicht mehr als politisch interessiert oder politisch bewusst bezeichnet, wie es in seiner Jugend geheißen hatte. Bei den Wahlen machte er sein Kreuzchen links von der Mitte, aber das wohl auch eher aus Gewohnheit?

Nils Hovborgs Büro war nichts sagend und ein wenig abgenutzt. Auf einem dunklen Schreibtisch befanden sich ein modernes Telefon und ein einzelner grüner Ordner, ansonsten herrschte peinliche Ordnung. Keine Spur von Geheimagentenglamour, von falschen Bärten und dunklen Sonnenbrillen. Auf einem Seitentisch stand lediglich ein ausgeschalteter Computer. Der Kommissar reichte Magnus die Hand und stellte einen jüngeren, dicklichen Mann als Kriminalassistent Gert Madsen vor. Ob Herr Bjerg wohl Platz nehmen wolle? Das tat Herr Bjerg, und dann wartete er ab.

»Möchten Sie rauchen?«, fragte Nils Hovborg.

»Nein, danke. Ich habe damit aufgehört, und sagen Sie doch einfach du.«

»Das ist auch klüger so«, sagte der Kriminalkommissar. Gert Madsen sagte nichts. So saßen sie dann ein Weilchen da. Durch das Fenster sah Magnus ein Stück grauen Himmel und hörte einen Bus, der bei einer Haltestelle sein Tempo beschleunigte. Aus den vielen Büros und den endlosen Korridoren nahm er ein konstantes Murmeln und Summen wahr.

»Sie wollen also in die USA, wenn ich das richtig verstanden habe«, sagte Nils Hovborg. »Wir haben eine Anfrage erhalten, von, wie soll man das nennen, von Kollegen in den USA. Reine Routine.«

»Das begreife ich nicht«, sagte Magnus.

»Warst du jemals Mitglied einer kommunistischen Partei?«, fragte plötzlich Gert Madsen. Seine Stimme klang seltsam hell und hoch für einen Mann, der, wie Magnus jetzt feststellte, eher muskulös war als dicklich.

»Das ist aber eine seltsame Frage.«

»Für uns ja. Aber nicht für die Amerikaner.«

Magnus lachte kurz, dann schluckte er dieses Lachen hinunter. Es hörte sich verkehrt an. Er schwitzte ein wenig. Die Luft war sehr trocken, und er hatte auch ein seltsam schlechtes Gewissen, wozu nun wirklich keinerlei Grund bestand.

Er sagte:

»Spielt das heutzutage denn überhaupt noch irgendeine Rolle? Der Kommunismus ist tot. Tot und begraben, aber wenn ihr es unbedingt wissen wollt, ich war niemals Mitglied der DKP; allerdings bin ich damals für wenige Jahre bei den Linkssozialisten eingetreten. Das war eine absolut legale dänische Partei, soviel ich weiß. Zufrieden?«

»Was forschen Sie denn eigentlich so?«, fragte Nils Hovborg. Er hatte eine sanfte, fast einschläfernde, aber auch überaus angenehme Stimme.

Magnus setzte sich gerade. Er würde sich wohl ein wenig arrogant anhören, aber das hatten sie nicht besser verdient.

»Ich glaube, das ist ein wenig zu kompliziert, um es Laien zu erklären. Ich arbeite über Transmission von ...«, er suchte nach den dänischen Entsprechungen der lateinischen Begriffe, »... Schweinepest. Von Tier zu Tier. Von Mensch zu Tier. Ich habe meine Doktorarbeit über die Frage geschrieben, wie

Menschen ohne ihr Wissen sozusagen zu Krankheitsträgern werden können. Ich habe bei erkrankten Schweinen gewisse Gene isoliert, die vielleicht zu einem besseren Verständnis der dahinter liegenden biologischen Vorgänge beitragen können. Das alles ist überaus kompliziert.«

»Aber du bist kein Tierarzt, oder?«, fragte Gert Madsen.

»Biologe«, sagte Magnus. Er konnte Gert Madsen nicht ausstehen und sah keinen Grund, diese Tatsache zu verhehlen.

»Könntest du damit nicht auch hier zu Hause weitermachen?«

Magnus setzte sich abermals gerade:

»Ich gehöre zu den wichtigsten Forschern in meinem Bereich, wenn ich mich so unbescheiden ausdrücken darf. Deshalb hat eins von Harvards angesehensten Instituten mich eingeladen. Es ist für mich persönlich eine große Chance, aber auch ein Triumph für die dänische Forschung.«

»Aber das ist doch hervorragend«, sagte Nils Hovborg. »Nur kann das vielleicht auch gefährlich sein?«

»Die Arbeit mit krankheitserregenden Bakterien und Viren ist immer gefährlich. Deshalb arbeiten wir auch isoliert und unter starken Sicherheitsvorkehrungen«, sagte Magnus Bjerg. Er fühlte sich gar nicht wohl in seiner Haut und gewissermaßen eingesperrt. Er begriff nicht, was diese Männer von ihm wollten. Vielleicht wollten sie ja wirklich nichts?

»Wenn ich das richtig verstanden habe, dann gibt es also eine internationale Zusammenarbeit«, sagte Nils Hovborg.

»Ja, natürlich. Alle Forschung ist international.«

»Machen auch die Russen mit?«, fragte Gert Madsen.

»Natürlich. Also wirklich! Was soll das hier eigentlich?«

»Warst du vielleicht schon einmal dort, als das Land noch Sowjetunion hieß?«, fragte Gert Madsen. Er zupfte sich am Ohr. Magnus fand diese Angewohnheit irritierend.

»Ja.«

»Als Forscher? Oder als Tourist?«

»Beides. In den achtziger Jahren war ich mehrere Male auf Einladung des Karlow-Institutes dort. Die beschäftigten sich mit ähnlichen Forschungsvorhaben. Was soll diese Frage?«

»Das war doch ein militärisches Institut, nicht wahr?«, fragte Gert Madsen.

»Das war es natürlich nicht. Es war der Akademie der Wissenschaften unterstellt. Ich weiß wirklich nicht, worauf ihr hier eigentlich hinauswollt.«

»Reine Routine«, sagte Nils Hovborg. Er stand auf, streckte die Hand aus, und Magnus ergriff sie verwirrt. War das alles? Nils Hovborg fügte hinzu: »Haben Sie vielen Dank dafür, dass Sie sich die Zeit für diesen Besuch genommen haben. Vielleicht müssen wir demnächst noch einmal mit Ihnen reden.«

»Warum das? Halten Sie mich für einen Spion oder was? Hat die Polizei denn nichts Besseres zu tun?«

»Ich bringe Sie zum Ausgang«, sagte Nils Hovborg.

Für den Rest des Tages fühlte Magnus Bjerg sich gar nicht wohl. Er begriff weder dieses Gespräch, noch konnte er sich vorstellen, was die Polizei wohl von ihm wollte. Er begriff nicht, warum er nicht mehr gesagt hatte. Warum er nicht mit fester Stimme gesagt hatte, er lasse es sich nicht gefallen, so einfach einem Verhör ausgesetzt zu werden? Erst gegen Abend fiel ihm ein, dass sie ihn ja eigentlich nichts gefragt hatten, was ihnen nicht auch schon vorher bekannt gewesen war. Er hatte das Gefühl, dass sie alles über ihn wussten, und das war ein überaus unangenehmer Gedanke.

»Vielleicht ist das wirklich nur Routine«, sagte Anne, als sie im Bett lagen und hörten, wie der Frost, der sich in der Nacht wieder eingestellt hatte, das Haus leise ächzen ließ. Anne hatte zuerst geschmollt, weil er ihr nichts von dem Brief erzählt hatte, aber jetzt schien sie wieder besänftigt. Sie sagte: »Die Amis sind doch ein wenig hysterisch, nicht? Und du warst früher doch einmal ziemlich links und antiamerikanisch, nicht wahr? Ziemlich rot. Das war ich doch auch. Deshalb bin ich Lehrerin geworden, um die Kinder beeinflussen zu können. Bei denen lag doch die Zukunft der Revolution. Aber heute spielt das doch keine Rolle mehr. Wir haben alle mal schwachsinnige Entscheidungen getroffen.«

»Ja. Wahrscheinlich hast du recht. Das ist reine Routine. Sicher ist das so«, sagte er.

»Und du hast doch nichts zu verbergen, oder?«

»Nein«, antwortete er, aber er lag dann doch noch lange wach in der Dunkelheit und fragte sich, ob nicht alle irgendetwas zu verbergen hatten, etwas, von dem sie vielleicht nicht einmal selbst etwas wussten. Vielleicht hatten alle irgendwo ein Geheimnis versteckt, das sie vergessen hatten, an das andere sich aber erinnerten.

Der Schnee kam und ging, und der November ging in den Dezember über. Der Wind riss an den Tannengirlanden, als er durch Strøget wehte. Die Geschäfte lockten mit Weihnachtsdekorationen, Punsch und Pfefferkuchen, und die Menschen sahen gestresst, fröstelnd und gehetzt aus. Magnus wartete auf den Brief aus den USA, aber der kam nicht. Joe sagte, das sei alles nur Routine, er solle sich keine Sorgen machen und sich weiter auf Weihnachten in Boston freuen. Joe und Sandra würden sich freinehmen, und deshalb seien Schnee, Ski und gute Gespräche und Wein unter Freunden angesagt. Aber es fiel Magnus schwer, ruhig zu sein und sich zu konzentrieren. Er war eigentlich in die Stadt gefahren, um die ersten Weihnachtsgeschenke zu kaufen, aber auch dafür fehlte ihm die rechte Aufmerksamkeit. Deshalb setzte er sich ins Café Norden und bestellte ein Weihnachtsbier. Es war das dritte an diesem Morgen. Er suchte sich einen Tisch in der Ecke und versteckte sein Gesicht hinter der Zeitung *Information.*

Nils Hovborg trug einen weiten Wintermantel. Er hielt ein großes Glas hellbraunen Kaffee in der Hand und setzte sich, ohne um Erlaubnis zu bitten. Magnus legte gereizt seine Zeitung zusammen.

»Das ist ja eine nette Überraschung«, sagte der Kriminalkommissar.

»Wirklich?«, fragte Magnus.

»Vielleicht nicht, aber ich sehe keinen Grund, diese Sache offizieller werden zu lassen als unbedingt nötig. Ich möchte dir nur ein paar Fragen stellen, wenn ich darf. Nur, um mir ein Bild von der Lage zu machen.«

»Daran kann ich dich nicht hindern, aber ich wünschte, du wärst konkreter.« Jetzt waren sie also doch beim Du angekommen. Magnus kam das natürlicher und zugleich komisch vor. Als wären sie jetzt plötzlich Kollegen oder Bekannte geworden.

Nils Hovborg reichte ihm ein Bild. Es war das Schwarzweißfoto eines Mannes in mittleren Jahren, der einen grauen Anzug trug. Sein Gesicht war ziemlich nichts sagend, aber

Magnus hatte den Eindruck, dass das Bild einen Russen zeigte. Vielleicht lag es an den slawischen Zügen? Oder sorgte die schlecht sitzende Kleidung dafür, dass er sich seiner Sache ziemlich sicher war?

»Kennst du ihn?«

»Nein, sollte ich das?«

»Er kennt dich.«

»Das kann doch nicht möglich sein. Höchstens so, wie man einen Nachrichtensprecher im Fernsehen kennt. Vom Sehen her. Kann sein, dass ich ihn schon einmal gesehen habe, aber ich kenne ihn nicht. Ich weiß jedenfalls nicht, wer er ist.«

Nils Hovborg trank vorsichtig seinen Kaffee. Fast kindlich vorsichtig, als fürchte er, sich an dem riesigen Caffè Latte zu verbrennen. Er beugte sich ein wenig über den Tisch, als habe er Angst, von fremden Ohren gehört werden zu können, obwohl es sehr laut im Lokal war und niemand sich für ihre Unterhaltung interessierte. Magnus fühlte sich schon wieder nicht wohl in seiner Haut. Er kam sich vor wie auf einer Anklagebank, nur hatte niemand ihm erzählt, worin die Anklage bestand. Es war wie in einem bösen Traum. Man wollte aus diesem Alptraum erwachen, konnte sich aber nicht von den Fesseln befreien, die das Bewusstsein banden. Er schwitzte ein wenig und spürte leider auch die drei Bier.

»Ich weiß nicht, wer er ist.«

»Er heißt Gregor Nikolajew Petrow. Er hat damals im Karlow-Institut gearbeitet.«

»Da sind mir viele Leute begegnet. Der Name sagt mir nichts.«

»Sein wirklicher Arbeitgeber war der GRU, der militärische Nachrichtendienst der UdSSR. Er hatte viel mit dem bakteriologischen und biologischen Kriegsprogramm zu tun. Schreckliche, schreckliche Waffen.«

Nervös trank Magnus einen Schluck Bier. Das Glas war fast leer, aber er wollte nicht aufstehen, um sich ein neues zu holen.

»Damit hatte ich nichts zu tun. Ich habe mich an die Wissenschaftler gehalten.«

»Aber Genosse Petrow war ebenfalls Wissenschaftler. Er ist von der Ausbildung her Biologe, genau wie du. Und am Karlow gab es doch auch Wissenschaftler aus dem Irak, nicht wahr?«

»Jetzt begreife ich wirklich nicht mehr, worauf du hinauswillst. Da waren Leute aus so vielen Ländern. Was soll das Ganze eigentlich?«

»Genosse Petrow hat dich als einen ihrer Informanten genannt.«

Magnus Bjergs Zorn und seine Verblüffung waren echt:

»Ich als Agent? Das ist doch der pure Wahnsinn!«

»Das habe ich nicht gesagt. Ich habe Informant gesagt, was eine Stufe darunter liegt.«

»Warum redet er solchen Unsinn?«, regte Magnus sich auf, während Nils Hovborg mit seiner gedämpften, kultivierten Stimme weitersprach:

»Zwei Jahre nach dem Zusammenbruch der Sowjetunion hat er sich aus Moskau abgesetzt. Wie so viele andere hatte er seit Monaten kein Gehalt mehr bekommen. Das war 1993. Jahrelang wusste niemand, wo er sich aufhielt, aber am Ende fanden die Amerikaner ihn dann im Irak. Informationen sind die einzige Währung, in der ein Überläufer und Verräter bezahlen kann. Du warst ein winzig kleiner Name zwischen anderen, etwas größeren Fischen, aber die USA sind, um das mal so zu sagen, im Moment sehr, sehr vorsichtig. Sie haben ein ganzes Ministerium für die Sicherheit der Nation eingerichtet, gegen die die alte Stasi das reinste Waisenkind ist. Und dein Name steht auf einer Liste.«

Magnus schüttelte langsam den Kopf. Er begriff gar nichts mehr und trank den Rest Bier, ehe er sagte:

»Das ist doch aber kein Beweis, wenn irgendein hergelaufener Russe irgendwelche Behauptungen aufstellt.«

Nils Hovborg musterte ihn mit etwas, das Ähnlichkeit mit Mitgefühl hatte.

»Herr Bjerg. Das hier ist kein Gerichtssaal. Ich muss hier nichts beweisen. Du dagegen musst beweisen, dass wirklich nichts gegen dich vorliegt.«

»Das kann ich doch nicht so einfach«, sagte Magnus, und seine Stimme klang verzweifelter, als er gewollt hatte; er fühlte sich wie in einem Spinnennetz, aus dem er sich nicht befreien konnte.

Nils Hovborg sprach mit ruhiger Stimme, und Magnus hörte zu, aber die Worte schienen trotzdem durch Watte zu kommen. Magnus Bjerg hatte zwischen 1983 und 1988 in Moskau an einer Reihe von Konferenzen teilgenommen. Es hatte sich um wissenschaftliche Zusammenkünfte gehandelt. In Verbindung mit diesen wissenschaftlichen Konferenzen waren alle überaus gastfreundlich und großzügig bewirtet worden. Und Bjerg hatte vielleicht ebenso großzügig unter dem Einfluss von Kaviar und Wodka von seiner eigenen und von der dänischen Forschung ganz allgemein erzählt. Allerlei Zwischenbilanzen und Hypothesen waren vorgelegt worden, die nicht in den Berichten standen, die dann aber den Russen und ihrem damaligen nahen Verbündeten, dem Irak, zur Verfügung gestellt worden waren.

Magnus schüttelte den Kopf.

»Das ist doch reiner Unsinn«, sagte er.

»Petrow hat auch einige Wochenenden auf dem Land erwähnt und behauptet, du habest dich besonders mit einer seiner Assistentinnen angefreundet, mit Ludmilla.«

Zu seinem Entsetzen spürte Magnus, dass er errötete.

»Die war eine ganz normale Laborassistentin.«

»Ludmilla kennen wir. Sie war Agentin beim GRU und hatte neben ihrer Ausbildung als Laborantin an der Universität Leningrad Dänisch studiert.«

»Das wusste ich nicht.«

»Und an Petrow kannst du dich nicht erinnern? Wirklich nicht?« Wieder diese kultivierte Stimme, die so vorwurfsvoll klang, trotz des leichten Konversationstons.

»Vielleicht bin ich ihm begegnet. Aber ich kann mich einfach nicht daran erinnern.«

»Petrow behauptet, dass du auch als Kurier fungiert hast.«

»Was?«

»Du habest zwei Briefe mitgenommen und dann im Westen aufgegeben.«

»Natürlich habe ich ihnen den Gefallen getan, wenn sie mich baten, ihre Privatbriefe mit aus dem Land zu nehmen. Sie lebten doch in einer Diktatur, mit KGB und Polizei und Unterdrückung und Zensur. Das wäre ja noch schöner gewesen!«

»Hast du diese Briefe gelesen?«

»Natürlich nicht. Das waren doch Privatbriefe. Man liest doch nicht die Privatbriefe anderer Leute.«

»Du hättest uns das alles vielleicht erzählen sollen?«

»Warum das?«

»Das wäre vielleicht klüger gewesen.«

Magnus setzte sich gerade:

»Ich hatte nie den Wunsch, etwas mit eurer Welt zu tun zu haben.«

»Überleg es dir«, sagte der andere. »Und komm übermorgen auf der Wache vorbei, dann können wir darüber plaudern und einen Strich unter die ganze Angelegenheit ziehen.«

»Ich habe nichts mehr zu sagen. Lasst mich in Ruhe oder erhebt irgendeine Anklage gegen mich.«

»Ich glaube kaum, dass es so weit kommen wird.«

Magnus sagte Anne nichts, als er nach Hause kam. Er wusste nicht, warum, aber er hatte Angst, sich in Widersprüche zu verwickeln, wenn er zu viel zu erklären versuchte. Die Wahrheit war, dass er nicht besonders viele Erinnerungen an seine Aufenthalte in Moskau hatte. Er hatte ein gutes Gedächtnis, wenn es um seine Materie ging, aber in Moskau hatte er zu viel getrunken. Die Russen taten nichts, ohne darauf anzustoßen. Er wusste nicht mehr so recht, worüber sie gesprochen hatten, jedenfalls erinnerte er sich an keine Einzelheiten. Er hatte damals dasselbe gedacht wie heute: Nur Offenheit bringt uns weiter. Und dann war da noch Ludmilla gewesen. Agentin des GRU, was für ein Unsinn. Sie war eine lustige, Dänisch sprechende und richtig tolle junge Frau gewesen, und er hatte sich geschmeichelt gefühlt, als sie ein Auge auf ihn geworfen hatte. Das alles konnte er Anne nicht erzählen, das wusste er, als er da in der Dunkelheit lag und den Regen gegen die Fensterscheiben prasseln hörte. Ihm ging auf, dass etwas, das er nie als etwas anderes gesehen hatte als einige freie Tage mit einem dünnen wissenschaftlichen Programm, irgendwann in den achtziger Jahren, nicht nur seine wissenschaftliche Karriere bedrohte, sondern vielleicht auch seine Ehe.

Er beschloss deshalb, mit einem Anwalt zu sprechen, den er noch von einem gemeinsamen Kolloquium zu Studienzeiten her kannte und mit dem er offen sprechen zu können glaubte. Er hatte nicht das Gefühl, mit Anne offen sprechen zu können. Nicht nur wegen dieser Sache, die er in Gedanken die »Affäre« nannte, sondern auch, weil es ihm peinlich war, zugeben zu müssen, dass er sich an seinen geselligen Umgang in Moskau wirklich kaum erinnern konnte.

Zwei Tage später ging er durch die Innenstadt. Ein leichter Schneeregen fiel, und er war ein wenig angetrunken. Der Alkohol versetzte ihn nicht in bessere Stimmung, sondern machte ihn im Gegenteil noch deprimierter. Ganz Kopenhagen roch nach den fetten Speisen der mittäglichen Weihnachtsfeiern und nach kaltem Schnaps. Die Menschen nuschelten oder sprachen sehr laut, und die wachsende Weihnachtsfreude und die ausgelassene Fröhlichkeit ließen seine Nervenenden noch weiter ausfransen. Eigentlich hatte er sich immer auf und über Weihnachten gefreut, aber jetzt erfüllte der Weihnachtstrubel ihn mit Angst und Überdruss.

Auch bei seinem Anwaltsbesuch war er ein wenig rot im Gesicht. Sie hatten den Tag im Büro mit einem Schnaps oder zweien anfangen lassen, und bald sollten er und die Kollegen sich an das große Fressen machen. Auch in Magnus' Institut gab es eine Weihnachtsfeier, aber er hatte abgesagt, auch wenn er Anne gegenüber behauptet hatte, daran teilnehmen zu wollen. Er begriff nicht, warum er gelogen hatte. Er hatte absolut nichts verbrochen, benahm sich aber trotzdem wie ein Schuldiger.

»Das ist doch Wahnsinn, Ole«, sagte Magnus, als er dem Anwalt die ganze Geschichte erzählt hatte. »Das ist viele Jahre her, und die Behauptungen sind ganz und gar haltlos. Kannst du sie nicht stoppen?«

Der Anwalt hob die Arme über den Kopf. Sein Büro war hell und freundlich und spiegelte den Erfolg seiner Kanzlei wider.

»Stoppen hin oder her. Sie haben doch gar nichts getan. Sie haben nur mit dir geredet. Sie haben dich zu nichts gezwungen, und sie haben keine Anklage gegen dich erhoben.«

»Sie belästigen mich. Sie ruinieren meine Karriere, einfach, indem sie einen Verdacht in die Welt setzen.«

»Wenn du keinen Dreck am Stecken hast, hast du nichts zu befürchten.«

»Aber das ist doch gerade das Problem. Ich habe nichts Verbotenes oder Falsches getan, jedenfalls nicht nach meinen Maßstäben. Aber meine Maßstäbe sind nicht dieselben wie ihre.«

»Es war eine harte Zeit. Es war ein kalter Krieg, aber es war ein Krieg, in dem zu sämtlichen Mitteln gegriffen wurde. So wie der Krieg, den wir jetzt führen müssen«, sagte der Anwalt und lächelte ein wenig arrogant.

Magnus wurde plötzlich misstrauisch:

»Stehst du auf ihrer Seite, Ole?«

Ole beugte sich über den Tisch und verschränkte die Hände unter seinem Kinn.

»Du warst vielleicht ein wenig naiv und hast zu viel gesagt.«

»Woher hätte ich denn wissen sollen, dass wissenschaftliche Kollegen in Wirklichkeit für KGB und GRU arbeiteten, oder wie zum Teufel die damals alle hießen!«

»Du argumentierst da falsch, Magnus. Du hättest davon ausgehen müssen, dass es der Fall war.«

»Ich fand solche Verdächtigungen aber entsetzlich. Ich meine ... zum Teufel ... wir haben den Kalten Krieg doch gewonnen. Können wir denn jetzt nicht einfach nach Hause gehen?«

»So leicht ist das nicht. Agenten oder Überläufer übertreiben die Bedeutung ihrer Informanten oder ihrer Mitteilungen immer. Ihre eigene Karriere und ihr Fortkommen hängen doch davon ab, dass sie wichtige Gewährsleute rekrutieren können. Bestimmt haben sie dich als wichtige Person mit wesentlichen Informationen dargestellt, die sie sich durch öffentlich zugängliche Publikationen nicht beschaffen konnten. So konnten sie ihre Ausgaben für dich rechtfertigen.«

»Woher weißt du das alles?«

»Während meiner Militärzeit hab ich in dieser Branche ein wenig herumgeschnüffelt. Du warst nie Soldat, was?«

»Kriegsdienstverweigerer.«

»Natürlich«, sagte der Anwalt.

Sie schwiegen eine Weile. Sie tranken aus, und der Anwalt schaute auf seine Uhr, weshalb Magnus sagte:

»Du kannst also nichts machen?«

»Da kann man nichts machen. Im Moment jedenfalls nicht.«

»Das ist doch kafkaesk«, sagte Magnus und empfand nur Ohnmacht und Verzweiflung.

Der Anwalt sah ihn an:

»Was ist mit deiner Forschung? Wenn wir mit dem Schlimmsten rechnen: Wäre sie militärisch verwertbar gewesen, für biologische Waffen, wie die, die Saddam Hussein gegen den Iran und gegen seine eigenen Kurden eingesetzt hat?«

»Ja, vielleicht. Das habe ich mir nie überlegt.«

»Wissen ist Macht, und die Russen haben gestohlen, was sie konnten und wo sie konnten.«

»Ich wollte mit eurer Welt niemals etwas zu tun haben. Ich verachte sie. Ich hasse Militär, Gewalt, Krieg, Spione, Lügen und Betrug.«

»Manche würden dich als einen von Lenins nützlichen Idioten bezeichnen.«

»Du bist mir wirklich überhaupt keine Hilfe«, sagte Magnus.

Der Anwalt schaute wieder auf seine Uhr und sagte kühl:

»Du hättest damals etwas unternehmen können. Du hättest den PET über deine Kontakte informieren können.«

Magnus sprang auf und sagte wütend:

»Ich wollte damals und will auch heute keinem verdammten Nachrichtenwesen über meine kollegialen Kontakte etwas erzählen.«

Ole breitete die Arme aus.

»Die haben aber über dich erzählt, Magnus. Vielleicht war das, was sie geschrieben haben, gelogen, aber jetzt bist du Teil des Systems. Es ist ein geschlossenes System, das selbst entscheidet, ob du daraus gelöscht wirst oder nicht.«

Abends rief Magnus bei Joe in Boston an. Joe hörte sich anders an, schien Magnus. In seiner Stimme lag eine Distanz, die er deutlich wahrnahm und die nichts mit der enormen Entfernung der transatlantischen Verbindung zu tun hatte. Es gab keine Neuigkeiten, aber die Sache dauerte offenbar noch, es gab also keinen Grund, zu Weihnachten in die USA zu kommen und sich Häuser anzusehen. Denn vielleicht würde es doch nicht die nötigen Mittel zur Finanzierung des Postens geben, oder vielleicht waren es auch nur die Mühlen der Bürokratie, die so langsam mahlten.

Magnus saß da, mit dem Hörer in der Hand und einem Brennen im Magen, als Anne in sein Arbeitszimmer kam und fragte, was denn los sei. Er konnte die Sache einfach nicht mehr für sich behalten und erzählte alles, sogar das mit Ludmilla. Anne hörte ihm schweigend zu, und in ihrem Gesicht sah er zuerst Mitgefühl, dann aber auch Verachtung. Er konnte ihr ansehen, dass sie ihn für einen Trottel hielt. Dass er plötzlich nackt vor ihr stand. Er stand ohne Maske da, und das, was unter der Maske aufgetaucht war, gefiel ihr überhaupt nicht.

»Ich fahre mit Torsten über Weihnachten zu meiner Mutter«, sagte sie und erhob sich.

»Zum Teufel, Anne. Das ist doch so lange her. Ich kann mich fast nicht mehr daran erinnern. Das ist doch gerade das Problem. Ich weiß fast nicht einmal mehr, ob es überhaupt passiert ist.«

»Magnus, was immer passiert ist, es lässt sich nicht ändern. Darauf kommt es auch gar nicht an. Es kommt darauf an, dass du es mir verheimlicht hast. Wie soll ich also wissen, ob du nicht noch andere Dinge verheimlichst oder vergessen hast, wie du behauptest? Ich muss mir überlegen, wie wir jetzt weitermachen sollen. Es kann schon sein, dass wir zusammenbleiben werden, aber so wie bisher wird es nie wieder sein.«

Er ließ sich krankschreiben, als Anne und Torsten nach Jütland gefahren waren. Er saß zu Hause und versuchte sich zu erinnern, aber das gelang ihm nicht. Er sah die Gesichter von Petrow und Ludmilla wie durch einen Nebel vor sich, helle Flächen ohne erkennbare Züge, und er konnte sich nicht an den Inhalt ihrer Gespräche erinnern. Er konnte sich nicht einmal an den Sex erinnern. Jedenfalls nicht richtig. Es schneite wieder, und er saß mit einem Weihnachtsbier da und schaute die großen Flocken an, die sich auf seinen Garten senkten.

Das Telefon schellte. Es war Nils Hovborg.

»Guten Tag, Herr Bjerg. Ich wollte Ihnen nur mitteilen, dass wir die Untersuchungen eingestellt haben. Sie waren vielleicht ein wenig naiv und haben sich ausnutzen lassen, aber ... na ja ... es ist ja nicht strafbar, ein wenig einfältig zu sein. Also, fröhliche Weihnachten.«

»Leck mich am Arsch!«, brüllte Magnus und knallte den Hörer auf die Gabel.

Er hätte erleichtert sein müssen, aber sein Magen brannte noch immer. Er konnte sich nicht zusammenreißen, und er begriff nicht, was ihm da widerfahren war. Was mit ihm nicht stimmte. Es war absolut nichts passiert, aber trotzdem war sein Leben verändert. Aber vielleicht würde er jetzt doch diesen Job bekommen, wo die Untersuchungen eingestellt waren, und dann war in Wirklichkeit alles beim Alten. Oder war das vielleicht wieder eine naive Vorstellung? Denn alles war so anders. Die Freude über seine Zukunft war verschwunden, aber der Zukunft musste er sich trotzdem stellen. Wenn er den Job in den USA nicht bekam, würde er sich am Gymnasium bewerben, um ein stabiles Leben führen zu können und die Zeit zu nutzen, um Annes Vertrauen zurückzugewinnen. Im Radio wurde jetzt ein Weihnachtslied gespielt. Stille Nacht, Heilige Nacht, sangen Kinderstimmen. Er hatte alles überstanden, warum war er also so unruhig? Draußen schneite es, und er sehnte sich nach seiner Familie, aber er musste auch immer wieder an seine Besuche in der Sowjetunion denken, und er wünschte, er könnte sich daran erinnern, was damals passiert war. Aber alles lief ihm wie feiner Sand durch die Finger. Er glaubte, einen Erinnerungsfetzen gepackt zu haben, aber er war schon verschwunden, noch ehe er ihm wirklich ins Bewusstsein getreten war.

Er holte sich mehr Bier aus dem Kühlschrank und spielte mit dem Gedanken, Anne bei ihrer Mutter anzurufen. Der Alptraum war zu Ende, und jetzt wollte er mit seiner Familie Weihnachten feiern, wenn die ihm das gestattete. Und obwohl er wusste, dass nichts je wieder ganz so werden könnte wie vorher, so war er doch davon überzeugt, dass ein neuer Anfang möglich wäre. Sein Herz hämmerte wild drauflos, als ihm aufging, dass er immer Angst davor haben würde, dass jemand an seine Tür klopfte und fremde Männer Geheimnisse entlarven wollten, von denen er nicht einmal wusste, dass er sie besaß.

Aus dem Dänischen von Gabriele Haefs

K. Arne Blom

Engel im Schnee

Morten Dahl-Nielsen aus Lund war Kriminalkommissar, verwirrt und Katholik.

Er hielt es für ein Wunder, dass das Wetter in so kurzer Zeit derart umschlagen konnte. Es war der 23. Dezember, und innerhalb eines halben Tages war die Temperatur von plus fünf auf minus sieben Grad gefallen. Außerdem hatte man schon eine Andeutung von Schnee zu sehen bekommen, aber die weiße Schicht am Boden war hauptsächlich auf den reichlichen Raureif zurückzuführen.

Er kam gerade von zu Hause, wo er ein schnelles Mittagessen eingenommen hatte: Joghurt und ein paar Käsebrote, und war nun auf dem Weg durch Lundagård zurück zum Polizeirevier. Während er sich dicke Scheiben vom gut gereiften Edamer abgeschnitten hatte, musste er gegen den deprimierenden Gedanken an ein einsames Weihnachten in seiner Wohnung an der Stora Tomegatan ankämpfen. Er verspürte nicht die geringste Lust, sich eine Reise in den Süden zu buchen, um dann auf irgendeiner Insel südlich des Äquators zu sitzen und in den Sternenhimmel zu starren. Die Einsamkeit konnte man nicht zu Hause lassen, sie war mittlerweile ein Teil von ihm und seinem Leben geworden.

Auf einmal flog er durch die Luft und wurde mit voller Wucht zu Boden geschleudert. Er schlug hart auf und pustete schwer. Alles tat ihm weh, und im ersten Moment dachte er schon, er hätte sich ernsthaft verletzt. Zumindest war er nicht mit dem Hinterkopf aufgeschlagen.

Dann bemerkte er einen Mann, der an ihm vorbeieilte, ohne sich zu erkundigen, ob alles in Ordnung war. Dahl-Nielsen setzte sich langsam auf. Kein Arm oder Bein gebrochen. Ihm war nur ein bisschen übel. Nun sah er auch die kleine Eisfläche, auf der er ausgerutscht war und die sich heimtückisch unter der pudrig-dünnen Schicht aus Schnee und Raureif verbarg. Er ließ sich auf den Rücken zurücksinken, und ohne sich dessen recht bewusst zu sein, bewegte er die Arme und Beine hin und her. Als er nach einer Weile aufstand, blieb an der Stelle, wo er gelegen hatte, ein Abdruck im Schnee zurück, der an einen Engel erinnerte.

Er gelangte zum Dom, auf dessen Türmen bereits die Lichter leuchteten, obwohl es noch nicht sonderlich spät war. Traditionell wurden die Türme des Doms vom ersten Adventssonntag an bis kurz vor Neujahr beleuchtet. Er verstand nicht, warum man das nicht auch an den übrigen Abenden und frühen Nächten des Jahres so machte.

Da sah er die Frau an der Telefonsäule vor der Buchhandlung stehen, die im Gebäude südlich des Doms untergebracht war. Der erste Gedanke, der ihm durch den Kopf schoss, war, dass sie fast ein bisschen grotesk aussah. Im nächsten Moment schob er den boshaften Gedanken wieder beiseite. Gleichzeitig sank die übergewichtige Frau in sich zusammen und landete mit einem schweren Plumps auf dem Boden, während sie mit ihrer schrillen, klagenden Stimme weiter lamentierte.

»... ich hin soll! Wohin soll ich denn gehen? Ich hab keinen, den ich besuchen oder bei dem ich über Weihnachten bleiben kann. Ich habe keinen Menschen, der sich drum schert, ob ich lebe oder tot bin ...«

Morten Dahl-Nielsen betrachtete sie. Sie mochte um die dreißig sein, oder vielleicht auch schon über vierzig. Bei ihrem Aussehen war das schwer einzuschätzen. Ihr Haar war mehr oder weniger rattenfarben, strähnig und ungepflegt. Die Züge ihres runden Gesichts waren ausgeprägt und ein wenig aufgedunsen. Sie war einfach nur dick, diese Frau, die Klagelaute ausstieß, während ihr die Tränen über die Wangen strömten.

Langsam überquerte Morten die Kyrkogatan und dachte dabei, dass es im so genannten Wohlfahrtsstaat immer noch jede Menge einsame Seelen gab. Er spürte, wie klein und hilflos er war. Was konnte er schon machen?

Gar nichts.

»... nicht mal mein Bruder kümmert sich um mich. Und dir, meiner eigenen Mutter, dir bin ich scheißegal!«

Er hörte den verzweifelten Tonfall, zwang sich aber weiterzugehen. Was könnte er schon groß tun für diese wildfremde Frau? Womit könnte er sie trösten?

Als er die Klostergatan entlangging, verlangsamte er seine Schritte immer mehr.

Irgendwas muss ich doch tun können, dachte er. Ich bin doch immerhin Polizist und habe so einige Kontakte ...

Er machte kehrt und ging zurück.

Doch als er an die Straßenecke kam, die auch »die kritische

Ecke« genannt wurde, sah er, dass an der Telefonsäule jetzt keiner mehr stand. Diese Ecke, an der sich Kyrkogatan und Klostergatan kreuzten, war früher aus einer Studentenlaune heraus so getauft worden, weil sich viele von ihnen an diesem Punkt postierten, um irgendwelche Passanten dazu zu bewegen, ihre Unterschrift auf ein Wertpapier zu setzen, mit der sie die Identität des betreffenden Studenten für die Bank bestätigten, woraufhin die Studenten schleunigst zum nächsten Geldinstitut liefen, um ihren Wechsel einzulösen.

Morten Dahl-Nielsen erspähte die Frau noch einmal im Gedränge auf dem Gehweg weiter hinten, schon fast am Stortorget. Sie ging mit schwerfälligen, wiegenden, langen Schritten. Die muss ja gut über hundert Kilo wiegen, dachte er.

Er seufzte. Da sah er aus den Augenwinkeln eine Gestalt, die ihm irgendwie bekannt vorkam. Irgendetwas an der Körperhaltung des Mannes und seinem Gang gab ihm das Gefühl, ihn schon einmal irgendwo gesehen zu haben. Der Mann war schon fast am Stortorget.

Morten Dahl-Nielsen zuckte die Achseln und machte sich auf den Weg zum Polizeirevier.

Der Weihnachtsmonat war extrem warm gewesen, an manchen Tagen war die Temperatur sogar über zehn Grad gestiegen, und es hatte nicht allzu viel geregnet. Dichter Dunst lag über der Stadt. Die Luftfeuchtigkeit machte die Luft schwül und erschwerte das Atmen. Es machte die Sache nicht gerade einfacher, wenn man eine Allergie hatte, die streckenweise schon in Asthma überging.

Seine Atemwege bereiteten Morten Dahl-Nielsen immer mehr Probleme. Je älter er wurde, umso schwerer schien alles zu werden. Die Jahre, die ihm noch bis zur Pensionierung blieben, konnte er mittlerweile an den Fingern einer Hand abzählen. Dann würde er dasitzen, mit viel zu viel Freizeit und der Frage, womit er sich beschäftigen sollte.

Die Probleme begannen sich zu häufen. Er wusste nur zu gut, wie es laufen würde. Als pensionierter Polizist war man überhaupt nicht mehr willkommen an seinem alten Arbeitsplatz. Da hatten sie anderes zu tun, als sich um die Unterhaltung und das Sozialleben ehemaliger Kriminalbeamten und Streifenpolizisten zu kümmern, denen es in den Sinn kam, mal kurz reinzuschneien, ein Tässchen Kaffee mit ihren alten Kollegen zu trinken und ein paar Stunden mit Geplauder totzuschlagen.

Morten war alleinstehend. Früher war er verheiratet gewesen, doch seine Frau hatte ihn verlassen – nicht für einen anderen Mann, sondern für eine Frau. In den letzten Jahren war er sich dann mit seiner Kollegin Marianne Ingelstam nähergekommen. Doch auch sie hatte ihn verlassen – denn sie war gestorben. Sie hatte sich nicht wieder von der schweren Kopfverletzung erholt, die sie sich im Dienst zugezogen hatte. Eine Weile hatte es mit den beiden ganz vielversprechend ausgesehen. Doch seit Anfang September war er nun also wieder allein und blickte daher dem näher rückenden Rentnerdasein verdrossen entgegen. Manchmal fragte er sich, wie er die Zeit bis zu seinem Tod herumbringen sollte, darum ging es ja letztlich. So empfand er es jetzt. Die große Einsamkeit rückte immer näher.

Morten Dahl-Nielsen war groß, schwer, dick und sah insgesamt ziemlich gemutlich aus. Sein graues Haar war in den letzten Jahren so dünn geworden, dass er rundheraus entschieden hatte, es ganz kurz schneiden zu lassen. Damit fühlte er sich wohl. Er war 1,90 m lang und trug große Schuhe. Doch er fand, dass er im Laufe der Zeit immer krummer wurde, er in sich zusammenfiel.

Er war Polizist aus Leidenschaft, beharrlich und methodisch, ziemlich kompromisslos und zielstrebig. Er hatte lange Finger und eine Nase, deren Form man früher wohl als typisch jüdisch beschrieben hätte. Doch er war wallonischer Herkunft. Eines Tages, als er morgens im Bad stand und sich rasierte, war ihm aufgegangen, wie er eigentlich aussah: wie eine Kreuzung aus dem dänischen Revueschauspieler Dirch Passer und dem französischen Komiker Fernandel.

Es war schon seit vier Stunden dunkel, als er das Polizeirevier wieder verließ. Die Temperatur war endlich ein paar Grad gestiegen, und es schneite in leichten Flocken. Nach seinem Sturz in Lundagård tat ihm immer noch alles weh, es kam ihm vor, als schmerzte jeder einzelne Muskel. Als er gerade den Bantorget überqueren wollte, stutzte er. Er fühlte sich beobachtet.

Er hatte das ganz deutliche Gefühl, dass ihn jemand mit den Augen verfolgte. Er sah sich um, konnte aber niemand entdecken, der ihn mit größerem Interesse betrachtet hätte. Ihm wurde bewusst, dass das nichts Neues war, in den letzten zwei, drei Wochen hatte er dieses Gefühl immer wieder gehabt. Er fand es unangenehm und irritierend.

Irgendjemand verfolgte ihn und behielt ihn ständig im Auge. Im nächsten Moment kam ihm der Gedanke aber schon wieder völlig absurd vor, er schnaubte missbilligend und ging mit raschen Schritten weiter heimwärts. Trotzdem drehte er sich noch ein paar Mal um, zuletzt, als er an seiner Haustür war, schräg gegenüber vom Haus der Studentenverbindung.

Er nahm sich ein Fischgratin aus der Tiefkühltruhe. Während es im Ofen brutzelte, goss er sich einen Calvados ein, schaltete dann das Radio an, um im zweiten Programm klassische Musik zu hören, und überlegte, ob er vielleicht vergessen hatte, irgendetwas für Weihnachten einzukaufen. Wenn es da tatsächlich etwas gab, dann fiel es ihm zumindest nicht ein.

Er trank einen Schluck, trat ans Fenster und schaute hinaus, nachdem er die Lamellen der Jalousie ein Stück auseinandergezogen hatte. Da erblickte er eine Gestalt, die auf der anderen Straßenseite stand und, so schien es, direkt zu seinem Fenster hochsah.

Vor lauter Verblüffung ließ er die Jalousie los und schüttelte den Kopf, als wollte er sich energisch aus einem seltsamen Traum aufwecken. Dann zog er die Jalousie ganz hoch und sah noch einmal hinaus. Dort unten war niemand zu erkennen.

»Ich muss mich wohl schon dem senilen Grenzland nähern …«, murmelte er.

Er trank eine ganze Flasche Palacio de la Vega zum Fisch, ohne hinterher sonderlich betrunken zu sein. Der Wein machte ihn aber schläfrig, und so nickte er vor dem Fernseher ein, während der Film lief, den er gerne hatte sehen wollen. Die ganze Nacht schlummerte er tief und fest.

Als er am nächsten Morgen aufwachte und hinausblickte, sah es dort draußen aus wie auf einer altmodischen Weihnachtskarte.

Es war Heiligabend, und es war Sonntag. Daher ging Morten an diesem Tag gleich zweimal in die Kirche. Er gehörte zur katholischen Gemeinde St. Thomas. Die Kirche lag knapp hundert Meter die Straße hinunter. Zuerst besuchte er das Hochamt um zehn Uhr morgens, dann die Christmette, die eine Stunde vor Mitternacht begann.

Während des Hochamts fühlte er sich wieder beobachtet, aber so sehr er sich auch bemühte, er konnte niemand entdecken, der ihn anstarrte. Die Christmette zu Mitternacht war gut besucht, und im Gedränge auf dem Weg nach draußen stand er plötzlich dem ehemaligen Kriminalinspektor Henning Wendel gegenüber, einem Kollegen, der sicher schon vor gut zehn Jahren in Pension gegangen war.

»Du hier?«, fragte Morten erstaunt. »Was machst du denn hier?«

»Dasselbe wie du … in die Kirche gehen.«

»Aber du bist doch kein Katholik, oder?«

»Nein. Aber ich mag katholische Kirchen. Ich bin hergekommen, um diese ganz besondere Weihnachtsstimmung mitzuerleben.«

»Ist deine Frau denn nicht mitgekommen?«

Wendel schüttelte den Kopf.

»Ich bin Witwer.«

»Tut mir leid. Das wusste ich nicht. Wann ist es denn passiert?«

»Das ist jetzt schon ein paar Jährchen her. War auf jeden Fall schön, dich zu treffen. Frohe Weihnachten wünsch ich dir.«

Morten sah den ausgemergelten Mann an, der einen fast schon gespenstischen Eindruck machte.

»Warte mal. Du bist allein zu Hause. Ich bin allein zu Hause, und ich wohne nicht weit von hier. Was meinst du, willst du nicht mit zu mir kommen? Wir können ein bisschen zusammensitzen und reden, was trinken, Fernsehen schauen ...«

»Wenn es dir keine Umstände macht ...«

Morgens um Viertel vor drei richtete Morten das Sofa im Wohnzimmer zum Schlafen her. Henning Wendel übernachtete bei ihm. Er wohnte am Todmulevägen ganz im Westen und war nicht mehr in der Lage, selbst nach Hause zu fahren, und Busse gingen jetzt auch keine mehr.

Als Morten am nächsten Morgen aufwachte, um gleich wieder zur Morgenmesse in die Kirche zu gehen, schlief Wendel noch tief und fest. Morten schrieb ihm einen Zettel, um mitzuteilen, wohin er gegangen war. Als er zurückkam, war Henning Wendel schon fort. Der Zettel lag auf dem Küchentisch. Wendel hatte ein paar Worte dazugeschrieben, in denen er sich für die Gastfreundschaft bedankte. »Ich hab mir ein paar Brote geschmiert und ein Glas Milch getrunken. Vielleicht sehen wir uns ja mal wieder? Herzliche Weihnachtsgrüße HW«

Am Nachmittag des zweiten Weihnachtsfeiertages klingelte das Telefon. Es war der wachhabende Beamte, der ihn darüber informierte, dass man eine tote Frau gefunden hatte.

»Und du hast heute Bereitschaftsdienst«, fügte er hinzu.

»Ja«, seufzte Dahl-Nielsen. »Wo finde ich sie denn?«

»Im Stadtpark.«

Während Dahl-Nielsen durch die Stadt lief, hatte er wieder dieses Gefühl, er würde beobachtet.

Die Frau lag in einem immergrünen Gebüsch, und den Malen an ihrem Hals nach zu urteilen, war sie von ihrem Mörder erdrosselt worden.

Es durchzuckte Dahl-Nielsen schmerzhaft, als er sie sah, große Trauer befiel ihn. Es war die Frau, die er am Tag vor Heiligabend an der Telefonsäule vorm Dom gesehen und gehört hatte.

»Wahrscheinlich liegt sie hier schon ein paar Tage«, meinte der Polizeibeamte Persson, der zu der Streife gehörte, die als Erstes am Tatort gewesen war. »Seit sie da liegt, ist Schnee gefallen, und Fußspuren waren gar keine mehr zu sehen. Nur die frischen … von dem Mann, der sie entdeckt hat, und seinem Hund. Der hat die Leiche gewittert.«

»Kommt dir ihr Gesicht bekannt vor? Gehört sie zu den Stadtstreichern?«

»Ich kann mich nicht erinnern, sie schon mal gesehen zu haben.«

Die Frau hatte keinen Ausweis bei sich oder andere Dokumente, die irgendetwas über sie hätten aussagen können. Man musste hoffen, dass die gerichtsmedizinische Untersuchung Genaueres an den Tag bringen würde. Während die Leiche abtransportiert wurde und ein Kriminaltechniker mit der Spurensicherung begann, legte Dahl-Nielsen die Hände auf den Rücken und ging davon.

Er versuchte sich zu erinnern, ob die Frau am Tag vor Heiligabend irgendeine Tasche oder Tüte in der Hand gehabt hatte. Doch er konnte sich einfach nicht entsinnen.

Dann kam er zum Ausgang des Parks am Södertull. Dort stand Henning Wendel und blickte auf den Park. Wendel war noch grauer im Gesicht als beim vorigen Mal, und seinem Gesichtsausdruck nach zu urteilen, hatte er ziemliche Schmerzen.

Sie nickten einander zu.

»Danke noch mal für die Einladung zu Weihnachten«, sagte Wendel.

»Gern geschehen.«

»Bist du im Dienst?«

»Warum fragst du?«

»Ich habe den Leichenwagen gesehen, und vorher sind hier zwei Streifen angekommen.«

Dahl-Nielsen nickte und erzählte von dem Fund.

Wendel hörte mit ausdrucksloser Miene zu.

»Eines von diesen Stiefkindern der Gesellschaft, um die sich augenscheinlich keiner kümmert«, meinte Wendel leise.

»Wie kommst du darauf?«

»So, wie du sie beschreibst.«

»Ja, vielleicht war sie wirklich so eine.«

»Was meinst du, was sie gefühlt hat, als sie umgebracht wurde?«

Dahl-Nielsen sah ihn blinzelnd an.

»Was ist denn das für eine Frage?«

Wendel zuckte mit den Schultern.

»Ehrlich gesagt, ich weiß auch nicht«, sagte er. »Aber ich frage mich immer öfter, wie sich der Tod anfühlt ... Das kommt mit den Jahren ... nachdem man als Polizist so viel mit Leuten zu tun hatte, die getötet wurden oder getötet haben. Ich weiß nicht, vielleicht ist das ja so eine Art Berufskrankheit. Aber diese Frage lässt mir einfach keine Ruhe mehr.«

Dahl-Nielsen sah ihn eine Weile an, nickte schließlich und erklärte, dass er jetzt weitermachen müsse.

Sie verabschiedeten sich.

Als die Ampel auf Grün sprang, überquerte Dahl-Nielsen die Straße. Auf der anderen Seite drehte er sich noch einmal um. Wendel war nirgends mehr zu sehen. Nachdenklich hielt Dahl-Nielsen kurz inne. Er sieht wirklich schwer krank aus, dachte er. Dann ging er auf der Stora Södergatan in nördlicher Richtung weiter. Als er sich dem Stortorget näherte, überkam ihn wieder dieses Gefühl, beobachtet zu werden. Er blieb stehen und fuhr herum – ein Manöver, von dem ihm einen Moment lang ganz schwindlig wurde – und erhaschte einen Blick auf eine Gestalt, die rasch in der Einfahrt des Parkhauses verschwand.

Mit langen Schritten lief er zur Einfahrt und sah gerade noch das Tor zugleiten. Das Parkhaus hatte auch auf der anderen Seite Ein- und Ausfahrten, und sein Verfolger war bereits entschwunden.

Vor einigen Jahren noch war eine Obduktion eine Selbstverständlichkeit gewesen, wann immer jemand unter ungeklärten Umständen oder eines gewaltsamen Todes gestorben war. Und es gab sogar eine Zeit, da war eine Obduktion eine Routinemaßnahme gewesen, auch wenn jemand aus natürlichen Ursachen oder auf Grund einer Krankheit verstarb.

Mittlerweile war sie jedoch zu einem Luxus geworden, und manchmal war es sogar notwendig, einen Gerichtsbeschluss vorzulegen, um eine solche Untersuchung durchführen zu lassen. Die ermordete Frau würde bestenfalls nach dem 6. Januar obduziert werden, wenn das Personal in der Pathologie wieder vollzählig war.

Dahl-Nielsen ließ den Polizeifotografen Aufnahmen vom

Gesicht der Ermordeten machen. Jedem Kollegen bei der Kripo drückte er einen Abzug in die Hand und sorgte auch dafür, dass sämtliche Streifenpolizisten ein Foto bekamen, damit sie sich auf der Straße umhören konnten, vor allem bei jenen, die im Schatten des Wohlfahrtsstaates lebten.

Die Tage vergingen. Die Kälte beschränkte sich auf die Nachtstunden. Tagsüber näherten sich die Temperaturen dem Nullpunkt, und es fiel ordentlich Schnee. Für Schonen war es eine ungewöhnlich schneereiche Zeit.

Am Silvestermorgen wachte Dahl-Nielsen in aller Frühe auf, stellte aber fest, dass es eigentlich keinen Grund zum Aufstehen gab. Er konnte gut und gerne noch ein paar Stunden im Bett liegen bleiben.

Er drehte sich mit dem Gesicht zur Wand. Doch er war zu wach, um noch einmal einschlummern zu können, und bewegte sich in einer Art Dämmerzustand an der Grenze zum Schlaf. Während er so dalag und vor sich hin blinzelte, tauchte in seinem Kopf eine Gestalt auf.

Er sah diesen Mann an sich vorbeihasten, und zwar sah er ihn irgendwie von unten, und dann ging ihm auch endlich auf, wo er ihn schon einmal gesehen hatte: als er auf dieser Eisschicht in Lundagård ausgerutscht war. Am Tag vor Heiligabend. Und dieselbe Person, einen Mann, hatte er unten am Stortorget gesichtet, während er der Frau hinterherblickte, die jetzt ermordet worden war. Und es war auch diese Person gewesen, die er am zweiten Weihnachtsfeiertag flüchtig gesehen hatte, als sie durchs Parkhaus verschwand; nur die Kleidung des Mannes hatte er nicht richtig erkennen können.

Ganz bestimmt verfolgte ihn jemand, observierte ihn, ließ ihn nicht aus den Augen.

Aber wer und warum?

Er redete sich ein, dass er nicht in Gefahr war, dass der Mann, der ihn da überwachte, keine Bedrohung darstellte. Denn der Betreffende hätte ja schon genügend Gelegenheit gehabt, ihn anzugreifen.

Nein, es muss um etwas anderes gehen.

Vielleicht war es ja ein Verrückter?

Er stand auf und stellte sich eine ganze Weile unter die Dusche. Danach nahm er ein leichtes Frühstück zu sich.

Genau wie nach der Christmette stand auch jetzt wieder Henning Wendel vor ihm, als er an diesem Silvestervormittag aus der Kirche kam.

»Du bist wieder hier?«, fragte Dahl-Nielsen erstaunt.

Wendel nickte.

»Ich komme gern hierher ... die Stimmung ... alles ...«

»Überlegst du, ob du konvertieren sollst?«

»Nein, das glaub ich eher nicht. Möchtest du mitkommen auf eine Tasse Kaffee? Ich lad dich ein.«

»Komm doch einfach mit nach Hause zu mir. Das wäre doch das Einfachste, es ist am nächsten und am bequemsten.«

Also kam Wendel mit zu ihm. Während Morten den Kaffee kochte, setzte Wendel sich auf einen Küchenstuhl, legte die Hände auf die Tischplatte und blickte lange und eingehend aus dem Fenster, als würde er über eine schwierige Frage nachdenken.

»Wie feierst du denn Silvester?«, fragte Morten nach einer Weile.

Wendel zuckte zusammen.

»Ach, da fällt mir sicher was ein«, sagte er mit leicht wehmütiger Stimme. »Es kommt bestimmt irgendwas im Fernsehen. Oder man kann ja auch mal ein Buch lesen. Ich werd mich schon beschäftigen.«

»Ich bin bei jemand eingeladen.«

»Schön, dann …«

»Ja …«

Wendel sah ihn an.

»Wie lange hast du noch?«, erkundigte er sich. »Ich meine, bis zu deiner Pensionierung?«

»Ein paar Jahre noch. Und danach hat man alle Zeit der Welt für sich.«

»Du musst wissen, dass das Rentnerdasein die reinste Hölle ist«, sagte Wendel. »Es ist eine Strafe.«

»Aber bis in alle Ewigkeit kann man doch auch schlecht arbeiten.«

»Was meinst du, wie lang ist der morgige Tag?«, fragte Wendel.

Morten goss den Kaffee in die Tassen und musterte Wendel dabei mit gerunzelter Stirn.

»Was ist denn das für eine seltsame Frage?«

»Kannst du sie beantworten?«

»Ich weiß nicht«, meinte Morten. »Der morgige Tag … wie lang der morgige Tag ist?«

»Genau.«

Morten zuckte mit den Achseln.

»Eine Ewigkeit plus einen Tag«, sagte er plötzlich.

»Wie zum Teufel kommst du darauf? Du bist doch noch nicht einmal in die Nähe dieses morgigen Tages gelangt.«

»Ich weiß nicht, woher ich diese Antwort habe. Aber ich bin gut darin, Sachen auszurechnen, Zusammenhänge zu verstehen, mir das ein oder andere zu überlegen. Das könnte die Sache vielleicht ein bisschen erklären …«

»Hast du im Dienst schon mal einen Menschen getötet?«, fragte Wendel. »Musstest du das schon mal?«

»Nein.«

»Dann weißt du also nicht, wie es sich anfühlt, jemand zu töten.«

»Nein, das kann ich nicht wissen.«

»Hast du denn nie darüber nachgedacht?«, wollte Wendel wissen.

Morten schenkte ihm einen langen und nachdenklichen Blick.

»Vielleicht schon«, sagte er. »Wenn man sein ganzes Arbeitsleben bei der Polizei verbringt, begegnet man dem Tod ständig. Wahrscheinlich habe ich den Gedanken auch mal gestreift … wie es sich anfühlt, jemand zu töten. Und sei es auch nur aus dem Grund, weil ich verstehen wollte, wie Menschen einander so viel antun können … sogar jemand umbringen.«

»Was meinst du, wie fühlt sich das an?«

»Ich weiß nicht. Weißt du's?«

»Ich habe nie jemand getötet in meinen Dienstjahren«, antwortete Wendel.

Dahl-Nielsen lenkte das Gespräch schließlich in andere Bahnen, und sie saßen noch fast eine Stunde am Küchentisch und unterhielten sich. Dann ging Wendel. Er wolle nach Hause, sagte er.

Morten stand auf und trat ans Fenster, das auf die Stora Tomegatan hinausging. Er betrachtete den Mann dort unten auf der Straße, der die Autotür aufschloss, sich hineinbeugte, dann einen Hut aufsetzte, sich ein Tuch um den Hals band, Handschuhe überzog, die Tür zuschlug und abschloss und dann Richtung Süden davonging.

Plötzlich wusste er, wie alles zusammenhing. Er fasste sich an die Stirn und verfluchte seine Begriffsstutzigkeit.

Seufzend atmete er ein.

Ich werd mich drum kümmern, dachte Morten Dahl-Nielsen. Morgen werd ich mich drum kümmern.

Er war für sieben Uhr abends eingeladen, bei einer Frau, die er dieses Jahr während einer mühsamen Ermittlung kennengelernt hatte, eine Polin mit einem Namen, den er immer noch nicht richtig aussprechen konnte. Ihre Beziehung war, gelinde gesagt, seltsam.

Zunächst war sie eine wichtige Zeugin gewesen, und sie trat auf eine Art auf, die man nur als kokett bezeichnen konnte. Dann stellte sich heraus, dass sie eigentlich seine Gegenspielerin war, weil sie den Täter nämlich bei sich zu Hause versteckte. Der spielerische Schlagabtausch, der zwischen ihnen entstanden war, ging seinerseits in enttäuschtes Staunen über, ihrerseits in zügellose Wut.

Er war äußerst erstaunt, als sie kurz vor Weihnachten nach der Messe auf ihn zukam – sie waren beide Katholiken und eifrige Kirchgänger, und eine ganze Weile hatten sie beide so getan, als würden sie sich nicht sehen – und ihn fragte, ob er schon Pläne für Silvester habe.

Er nahm den Bus nach Kojber, der Stadtteil im Westen, in dem sie wohnte. Sie tischte reichlich Essen auf, und es schmeckte ausgezeichnet.

Hinterher schaute er sich von ihrem Fenster aus das Feuerwerk an. Um halb eins bat er sie, das Telefon benutzen zu dürfen, um sich ein Taxi zu rufen.

Sie meinte, er könne gerne bei ihr übernachten.

Er bedankte sich für das Angebot, erklärte aber, dass es besser sei, er würde jetzt heimfahren.

Wie sich herausstellte, war es ganz unmöglich, um diese Zeit ein Taxi zu bekommen.

Da beschloss er, zu Fuß zu gehen.

Es herrschte beißende Kälte. Er war viel zu dünn angezogen für einen so langen Spaziergang in der Neujahrsnacht, in der die Temperatur auf minus fünfzehn Grad sank, der Himmel eine tiefblaue Farbe hatte und die Sterne glühten wie wütende Brandherde.

Jeder Atemzug schmerzte in seinen Lungen. Das Gesicht tat ihm weh. Schon nach hundert Metern merkte er, wie ihm die Zehen in seinen dünnen Schuhen taub wurden.

Das würde wirklich ein Höllenmarsch werden, ging ihm auf.

Je mehr er sich der Innenstadt näherte, umso lauter knatterten die Knaller und dröhnten die großen Feuerwerkskörper. Die Nacht war erfüllt von Geschrei und Gebrüll, und das Heulen der Einsatzfahrzeuge war weithin zu hören. Es hörte sich an, als wäre die ganze Welt wahnsinnig geworden.

Ein Polizeiauto kam über die Kuppe der Kung Oscars bro gefahren, und er stellte sich mitten auf die Fahrbahn und wedelte mit den Armen.

»Wollen Sie überfahren werden?«, fragte der Polizist, der den Kopf halb aus dem Fenster streckte.

»Ich bin Morten Dahl-Nielsen, Kommissar bei der Kripo. Ich bin gerade auf dem Heimweg, aber ich friere derart, dass ich mich frage, ob ich es noch bis nach Hause schaffe. Sind Sie beschäftigt oder könnten Sie mich vielleicht mitnehmen? Ich friere so entsetzlich, es geht mir schon richtig schlecht.«

»Ich erkenne Sie wieder, aber es geht leider nicht. Wir müssen nach Kävlinge, da ist eine Schlägerei im vollen Gange. Die Leute sind heut Nacht wie verrückt. Die Stadt ist das reinste Schlachtfeld, an manchen Stellen haben wir fast schon Kriegsgebiete. Ich verstehe nicht, was in die Menschen gefahren ist. Tut mir leid, aber wie gesagt, wir müssen …«

»Versteh schon …«

Die Sirene ging an, während der Streifenwagen den Hügel hinunterraste. Morten versuchte sich zusammenzureißen und seinen Weg durch die Kälte fortzusetzen. Als er Rufe hörte, blieb er stehen, beugte sich übers Brückengeländer und sah unten einen Wohnwagen auf dem Asphalt stehen. Eine Gruppe Jugendlicher schaukelte ihn hin und her, und nach einer Weile gelang es ihnen, ihn umzukippen. Es dauerte nicht lange, da hatten sie ihn in Brand gesteckt. Er brannte richtig spektakulär, es prasselte und krachte. Die Jugendlichen jubelten und schrien.

Ihm wurde klar, dass er jetzt so schnell wie möglich nach Hause kommen musste, sonst würde er noch krank werden von der Kälte dieser infernalischen Neujahrsnacht, in der die Feuerwerkskörper hartnäckig immer weiter knallten und eine Rakete nach der anderen in die Luft geschossen wurde. Er bog in die Spolegatan ein und entdeckte nach einer Weile eine große Horde von Jugendlichen, die ihm entgegenkam. Er schätzte, dass es zwanzig, vielleicht auch fünfundzwanzig waren. Sie schrien und riefen und begannen, auf ihn zu zeigen, und verschärften ihr Tempo, wobei es sich anhörte, als würden sie sich gegenseitig anstacheln, den einsamen Nachtwanderer anzugreifen.

Er machte auf dem Absatz kehrt und begann zu rennen, doch er konnte ihnen nicht entkommen, die Flucht würde ihm nicht gelingen. In seiner Brust zog und stach es. Plötzlich stand ein Auto an der Bordsteinkante und die Beifahrertür war halb offen. Er hörte eine Stimme, die ihn zum Einsteigen aufforderte.

Er hechtete hinein und zog die Tür zu, während Wendel das Gaspedal durchtrat.

Dahl-Nielsens Brustkorb hob und senkte sich heftig, während er nach Luft schnappte. Bei jedem Atemzug heulte es leise. Sein Körper bebte und war nass und heiß vom Schweiß, während er gleichzeitig so fror, dass er zitterte. Seine Arme und Beine fühlten sich ganz taub an. Er vermutete, dass es sich so anfühlen musste, wenn man einen Schock erlitt.

Er sah Henning Wendel an.

»Bist du auf dem Heimweg?«, erkundigte sich Wendel.

Dahl-Nielsen brachte es nur zu einem Nicken.

Eine Weile später, als Wendel vor der Haustür in der Stora Tomegatan anhielt, hatte Morten sich so weit erholt, dass er wieder sprechen konnte.

»Ich glaube, du hast mir das Leben gerettet«, meinte er.

»Vielleicht, vielleicht auch nicht. Sie hätten sich vielleicht auch damit zufriedengegeben, dich gründlich zusammenzuschlagen. Das weiß man nie so genau. Jetzt werden wir es Gott sei Dank nie erfahren. Es kann ja auch sein, dass diese Gang schon mal jemand umgebracht hat. Vielleicht ist der

Tod nur mehr eine Kleinigkeit für sie. Vielleicht haben sie sogar Geschmack am Töten gefunden.«

Sie sahen sich an.

»Vielen Dank«, sagte Morten.

»Ich hab dir nur einen Gefallen getan. Ich hatte ja keine andere Wahl. Ich konnte dich schließlich nicht so da stehen lassen.«

»Das war ja eine seltsame Kombination aus Zufall und Glück, dass du gerade in diesem Moment dort warst«, sagte Morten leise und starrte Wendel an.

Der zuckte mit den Schultern.

»Wie fühlt es sich an zu töten?«, fragte Morten.

»Warum fragst du?«

»Ich glaube, du weißt es.«

»Das kann man nicht erklären oder beschreiben«, sagte Wendel. »Das Einzige, was ich mit Sicherheit sagen kann, ist, dass es einem ein ganz schreckliches Gefühl von Wahnsinn und Macht gibt. Aber wie es sich genau in dem Moment anfühlt, in dem man einen Menschen tötet, das kann man keinem mit Worten begreiflich machen. Einen Menschen zu töten, ist die schlimmste Tat, die du begehen kannst, und die schlimmste Strafe, die du bekommen kannst ... beides zugleich. Es ist eine lebenslange Strafe, die du nie absitzen kannst. Und es gibt keine Strafmilderung.«

Morten betrachtete den Mann, der die immer noch namenlose Frau ermordet hatte.

»Was wirst du jetzt tun?«, wollte Wendel wissen.

»Ich gehe in meine Wohnung hoch. Ich schließe meine Tür zweimal ab. Ich trinke ein großes Glas Calvados. Dann lege ich mich hin und schlafe aus. Wenn ich dann irgendwann aufwache, werde ich entscheiden, was ich tun werde. Wenn ich mir über den morgigen Tag klar geworden bin ... was er bereithält und bedeutet ...«

»Eine Ewigkeit plus einen Tag«, sagte Wendel. »Jetzt nach den Feiertagen komme ich ins Krankenhaus. In der zweiten Dezemberwoche hab ich Bescheid bekommen. Eine Operation hat keinen Sinn mehr. Sie können nur noch versuchen, den Schmerz zu lindern.«

Morten blickte in das ausgezehrte Gesicht und las die Schmerzen in den Augen des anderen. Er schüttelte den Kopf, seufzte und machte die Tür auf.

»Wir sehen uns dann vielleicht in der Ewigkeit, die den einen Tag extra bereithält«, sagte er.

»Nur keine Eile«, gab Wendel zurück, während die Tür zufiel.

Dann fuhr er davon.

Morten betrachtete den Schnee auf dem Gehweg vor seiner Haustür. Irgendjemand hatte sich dort hingelegt und mit Armen und Beinen ein paar Engel gemacht. Es gelang ihm, auf keinen der Engel mit den Füßen zu treten.

Aus dem Schwedischen von Wibke Kuhn

Inger Frimansson

Das Rote

Obwohl sie ihren Namen nicht nannte, erkannte er sie sofort an ihrer Stimme. Es schoss ihm wie ein Blitz durch den Kopf, und er musste sich an der Tischkante festhalten, um nicht zu fallen. Sie. Suzanne. Doch, sie war es wirklich.

Er erinnerte sich, dass sie sich immer für ihren Dialekt geschämt hatte. Sie hatte sich äußerste Mühe gegeben, ihn loszuwerden, was ihr auch beinahe geglückt war. Aber da war etwas in den Umlauten, was manchmal wieder an die Oberfläche kam. Wenn sie sich aufregte, beispielsweise. Oder wenn sie sich liebten (geliebt *hatten*), wenn sie kurz davor war, zu kommen. »*Jaou, Kenneth, jaouuuu …*« Ihre suchende, kosende Zunge, ihre starken, harten Finger. Bei der Erinnerung wurde ihm schwindelig. Ihm war, als ob sich alles drehte, der Schreibtisch, der Stuhl mit seinem durchgesessenen Polster. Als ob ihm jemand mit einem glühenden Draht in die Brust stach, da wo das Herz saß. Und da war auch wieder das Rote. Es kam hoch und füllte seinen Kopf. Mit größter Mühe gelang es ihm, es zu verdrängen. Er hielt den Telefonhörer fester.

»Hallo?«, sagte er und war erstaunt, dass seine Stimme nicht versagte.

Sie lachte, war offenbar verlegen. Oder hatte sie getrunken?

»Ist da die Werkstatt des Weihnachtsmanns?«, fragte sie.

»Äh ... genau.«

»Ich wollte einen Hausbesuch bei Ihnen bestellen.«

»Aha, und wann?«

»Heiligabend natürlich.«

»Aha, also am eigentlichen Heiligen Abend.«

Sie schien seine Stimme nicht erkannt zu haben. Er holte tief Luft und versuchte, besonders tief zu sprechen, so wie ein Weihnachtsmann eben klang. Er hatte vor, an passender Stelle auch noch ein paar »Ho, ho« einzubauen.

»Ja«, fuhr sie munter fort. »An Heiligabend. Natürlich nur, wenn der Weihnachtsmann nicht schon ausgebucht ist. Ich weiß, dass ich sehr kurzfristig anrufe. Vermutlich haben Sie an einem solchen Abend sehr viele Besuche zu erledigen? Aber ich habe die Anzeige eben erst gesehen. Und da dachte ich ...«

Sie hatte getrunken, das war deutlich. Ihre Stimme wechselte in eine höhere Tonart, wenn sie nur ein halbes Glas getrunken hatte. Oder eine Tasse Glögg. Das wusste er.

»Welche Zeit schwebt Ihnen denn vor?«, fragte er gedehnt und tat so, als würde er in seinen Papieren herumsuchen.

»Tja ... einen Augenblick mal.« Sie legte den Hörer beiseite, und er hörte, wie sie mit jemandem sprach, einem Mann. Sein Herz begann zu rasen, er bekam Angst. Er zwang sich, ganz tief Luft zu holen.

Sie war rasch wieder am Apparat.

»Am liebsten direkt nach der Donald-Duck-Sendung, falls das geht. Die ist doch immer um vier Uhr zu Ende. Vielleicht so um zehn nach oder so. Bevor sie zu sehr aus dem Häuschen geraten. Heiligabend ist ein langer Tag für die Kleinen.«

Die Kleinen, dachte er. Also mehr als ein Kind. Seine Haarwurzeln schmerzten, als hätte ihm jemand eine Dornenkrone auf den Kopf gedrückt.

»Kurz nach vier ... doch, das könnte klappen«, sagte er undeutlich. »Das hängt natürlich noch davon ab, wo genau es ist.«

»Wir wohnen im Granvägen«, sagte sie.

Tannenweg! Er zwang sich zu einem gutmütigen Kichern.

»Passender Name, ha, ha.«

Sie lachte.

»Ja, nicht wahr? Granvägen 15, ein Haus aus weißen Betonsteinen. Wir haben Lichterketten in den Bäumen, ziemlich viele sogar. Dann haben wir auch noch einen Schneemann aus Lichterketten. Neben der Treppe, so einen, der blinkt und so. Mein Mann ... der ist ganz verrückt nach diesen Dingern. Der Weihnachtsmann kann es also gar nicht verfehlen.«

»Wie funktioniert das mit den Weihnachtsgeschenken?«, fragte er förmlich.

»Wir legen sie neben die Mülltonne, die steht links bei der Garage. Hat der Weihnachtsmann auch einen eigenen Sack? Sonst könnten wir ...«

»Nicht nötig. Das ist sozusagen inklusive.«

»Und die Bezahlung? Das Honorar beträgt vierhundert Kronen, richtig? Sollen wir das Geld in einen Umschlag zu den Geschenken legen?«

»Wunderbar.«

»Okay, also abgemacht.«

»Nur noch eins«, beeilte er sich. »Ich habe den Namen vorhin nicht richtig verstanden.«

»Entschuldigung. Wie unhöflich von mir. Ich heiße Suzanne

Svanberg-Bull. Ich kann Ihnen auch noch meine Handynummer geben.«

Nachdem er aufgelegt hatte, fühlte er sich sehr müde. Und verschwitzt am ganzen Körper. Kalter Schweiß, der stank. Er ging auf die Toilette und wusch sich mit kaltem Wasser. Er starrte sich in dem gesprungenen Spiegel an. Grauweiße, unreine Haut, das Haar zu lang und strähnig. Außerdem bekam er langsam eine Glatze. Manchmal, wenn er mit dem Kamm in der Hand dastand, dachte er an Glomis, den Lehrer aus der Mittelstufe. Seine Haare hatten sich bei Wind wie Fransen aufgestellt, und sein kahler Schädel hatte geglänzt. Die stumme, zynische Verachtung der Schüler. Der Lehrer hatte all das repräsentiert, was sie bedroht hatte, das Jetzt, die Zukunft und das Leben. Wie alt der Typ wohl gewesen war? Kaum älter als vierzig.

Wie er jetzt.

Er kehrte in sein sogenanntes Büro zurück. Es lag in einem schäbigen, heruntergekommenen Gebäude am Riddarstadion, und bisher brauchte er noch keine Miete zu zahlen. Sein Bruder hatte sich darum gekümmert. Der Raum gehörte zum Büro seines Bruders, eine Abstellkammer, aber was konnte er schon verlangen. Zumindest gab es eine Tür, die er hinter sich zumachen konnte.

Sein Bruder hatte es geschafft. Er war Geschäftsführer einer Reifenfirma. Geschäftsführer und Eigentümer. *Kjelles Reifen*. Sein Bruder hatte ihn abgeholt, als er entlassen worden war. Er hatte immer den Kontakt gehalten und war sogar gelegentlich zu Besuch gekommen. Zu Weihnachten und zum Geburtstag hatte er eine Karte geschickt.

»Schließlich habe ich unserer Mutter versprochen, ein Auge auf dich zu haben«, hatte er einmal erklärt und sich verlegen an seinen langen Ohrläppchen gezupft. »Jetzt werde ich dir helfen, wieder auf die Beine zu kommen.«

Die Idee mit dem Weihnachtsmann-Service hatte Nettan gehabt, die Frau seines Bruders. Sein Bruder war sofort Feuer und Flamme gewesen und hatte eine Anzeige aufgesetzt. Natürlich sollte er nicht nur als Weihnachtsmann arbeiten – davon wurde man kaum reich –, sondern er sollte alle Arbeiten anbieten, die in einem Haushalt anfielen. Sein Bruder half ihm, das Unternehmen zu starten, aber seinen Namen, Kenneth, konnte er im Namen der Firma nicht verwenden, der war zu sehr in Misskredit geraten. Sie einigten sich stattdessen auf *Jimmys Allroundservice*. Ganz in Ordnung. Er hatte immer gefunden, dass Jimmy ein cooler und männlich klingender Name war. Jimmys Allroundservice stand zum Treppenputzen, Wechseln von Sicherungen, Autowaschen, Schneeschippen und sonstigen Arbeiten zur Verfügung. Es gab viele ältere Leute, die zu Hause wohnten, aber nicht mehr alles alleine schafften und Hilfe brauchten. Seine Firma war noch ganz am Anfang. Er hatte bislang noch keine Aufträge erhalten. Aber Kjelle meinte, wenn der Laden erst einmal liefe, dann könne er das Geld zurückzahlen, das er sich geliehen hatte, und sich eine eigene Wohnung suchen.

Sich als Weihnachtsmann zu verkleiden, war zuerst unter seiner Würde gewesen. Nettan war aber ganz begeistert gewesen und hatte so sehr mit den Armen gefuchtelt, dass ihr schwerer Busen gewogt hatte. Sie arbeitete als Pflegehelferin. In der Kaffeepause hatte sie mit ihren Kolleginnen darüber gesprochen, dass es schwierig sei, einen Weihnachtsmann zu finden, beziehungsweise die Illusion aufrechtzuerhalten, dass der Weihnachtsmann wirklich existiere. Die Kids wurden immer schlauer. Es reichte nicht mehr, so zu tun, als wollte man nur schnell eine Abendzeitung kaufen, am allerwenigsten, wenn man das sonst auch nie tat.

»Wie schön wäre es, wenn man sich einfach einen Weihnachtsmann mieten könnte!«, hatte eine von Nettans Kolleginnen gerufen und von ihrem Safrangebäck abgebissen. »Einen, der einfach an die Tür klopft. Damit könnte man die Kinder wirklich überlisten.«

So war Nettan auf die Idee gekommen.

Er war jetzt seit siebzehn Tagen draußen. Bis auf weiteres durfte er im Partykeller seines Bruders wohnen, einem stickigen Raum mit Holzwänden, der ohnehin kaum benutzt wurde. Nettan hatte ihm die Couch zurechtgemacht und ihm noch eine zusätzliche Decke gegeben. Dort im Keller konnte es recht kühl werden.

Eines Morgens hatte eine Weihnachtsmannmaske auf dem Frühstückstisch gelegen.

Erst war er dagegen gewesen. Aber was konnte er letzten Endes dagegen einwenden? Nichts. Die Kinder seines Bruders waren schon groß, die ließen sich nicht mehr hinters Licht führen. Aber trotzdem mussten sie als Versuchskaninchen herhalten. Erst hatte er Angst gehabt, sie würden ihn auslachen, spöttisch das Gesicht verziehen oder sich vielsagende Blicke zuwerfen. Er zwang sich trotzdem dazu, sich umzuziehen und vornübergebeugt und auf einen alten Stock gestützt in die Küche zu gehen. Durch die Augenschlitze seiner Maske konnte er sie beobachten. Es waren ein Junge und ein Mädchen um die zwölf. Er ging ein paar Schritte auf sie zu und sagte: »Ho, ho!«

Er hatte erwartet, dass sie in ein schallendes Gelächter ausbrechen und ihn verhöhnen würden. Das taten sie nicht. Sie standen nebeneinander da, und plötzlich ging es ihm auf, dass sie Angst hatten. Nicht vor dem Weihnachtsmann, sondern vor ihm.

Er griff nach dem Kalender, den er von seinem Bruder bekommen hatte. Er blätterte bis zum Heiligabend und schrieb die Adresse auf. Granvägen 15. 16.10 Uhr. Sonst war an diesem Tag nichts eingetragen. Sein erstes Weihnachten in Freiheit seit neun Jahren.

Suzanne. Svanberg hatte sie damals auch schon geheißen. Jetzt war sie also verheiratet. Bull. Was war das eigentlich für ein Name? Er erinnerte sich an einen Comic aus einer Illustrierten, die auf dem Trockenklosett seiner Großeltern gelegen hatte. Olle Bull. Das war so ein Ritter mit Pony und in alle Richtungen abstehenden Haaren gewesen. Plötzlich hatte er einen Kloß im Hals.

Er öffnete die Tür zum Büro seines Bruders. Es war sechs Uhr abends, und alle waren schon nach Hause gegangen. Er ging zum Computer und startete den Internet-Browser. Die letzten Jahre hatte er einen Computer im Gefängnis benutzen dürfen. Gott sei Dank. Wer wäre er sonst jetzt? Er wäre in der neuen Internetgesellschaft vollkommen hilflos gewesen. Er hätte keine Chance gehabt, sich zu behaupten.

Er schrieb »Telefonbuch« in die Adresszeile und suchte nach Bull im Granvägen. Tatsächlich. Treffer. Morgan Bull. Plus eine

Handynummer. Morgan. Wieder dieses Gefühl, als würde alles um ihn herum ins Schwanken geraten. Der rote Nebel überwältigte ihn, der, den er um jeden Preis auf Abstand halten musste. Er machte alles nur noch schlimmer. Führte nur zu Problemen und Chaos.

Er ließ sich auf den Stuhl seines Bruders sinken und strich sich mit den Händen über die Hose. Seine Handflächen klebten.

Da half nur etwas frische Luft. Mit dem Rauchen hatte er aufgehört, das war ihm nicht schwergefallen. In der ersten Zeit im Gefängnis war er müde und in schlechter Verfassung gewesen. Er hatte eine Bronchitis nach der anderen bekommen, und schließlich hatte ihm der Arzt mitgeteilt, er müsse das Rauchen ein für alle Mal aufgeben.

»Sonst werden Sie nicht alt.«

Warum soll ich alt werden, hatte er gedacht, aber seltsamerweise war es ihm gelungen, mit dem Rauchen aufzuhören.

Der Arzt war schwer in Ordnung gewesen. Er hieß Engström und war kaum älter als er selbst.

»Sie müssen vorausdenken«, hatte er ihn ermahnt. »Vergessen Sie den alten Ärger und konzentrieren Sie sich auf die Zukunft.«

Leider hatte er nach ein paar Jahren seine Stelle aufgegeben. Schließlich wolle er nicht hängen bleiben, hatte er mit einem entschuldigenden Lächeln gesagt.

Er trat auf die Straße. Es war dunkel. Um diese Jahreszeit begann es bereits gegen zwei Uhr zu dämmern. Kein Schnee, nur leichter Nieselregen fiel auf seine Wangen.

»Suzanne«, sagte er in die Dunkelheit.

Er hatte geglaubt, darüber hinweg zu sein. Endlich. Ja, das hatte er geglaubt.

Er schloss die Augen und sah sie vor sich. So, wie sie damals ausgesehen hatte. Das kurze Haar, ein Jungenhaarschnitt, die schmalen Schultern. Die Augen weit geöffnet, als staunte sie über alles, was er sagte oder tat.

»Ich liebe dich, Kenneth. Du bist so wunderbar und stark. Und du kannst alles, wirklich alles.«

Sie hatten sich auf einer Party kennengelernt. Ein Bekannter vom Wehrdienst hatte Geburtstag gefeiert und in einem Sommerhaus am Rödvreten eine Riesenparty veranstaltet. Er sah sie sofort. Blass und verängstigt und mit großen Augen wie ein Rehkitz.

»Wovor hast du solche Angst?«, fragte er, und sie trat mit schuldbewusster Miene auf ihn zu.

»Ich habe keine Angst, ich sehe nur so aus.«

Sie hatten dort auf den Brettern getanzt. Tanzen war vielleicht das falsche Wort, gezuckt hatten sie. Seite an Seite mit vibrierenden Gliedern unter Hochspannung. Zu einem Song der Stones. Die Stones. Plötzlich hatte er ihre Hand in seiner gespürt.

»Sollen wir gehen?«

»Bitte ... was?«

»Ich habe eine Einzimmerwohnung am Synnerån. Ich habe gerade den Mietvertrag übernommen.«

Und sie hatte doch Angst gehabt. Aus gutem Grund. Erst kurz zuvor war es ihr gelungen, sich von einem Irren, der sie misshandelt hatte, zu trennen. Nach jahrelangen Schikanen hatte sie endlich diesen Schritt gewagt. Er hieß Conny, ein grober, stämmiger Typ mit ungebügelten Anzügen und schlecht sitzenden Krawatten. Einmal hatte er ihr eine dieser Krawatten um den Hals gelegt und so fest zugezogen, dass die Abdrücke noch mehrere Tage später zu sehen gewesen waren.

»Warum bist du nicht zur Polizei gegangen?«, fragte Kenneth.

Sie schaute zu Boden.

»Du verstehst das nicht«, flüsterte sie. »Er ist lebensgefährlich.«

»Gerade deswegen«, erwiderte er trocken.

Eine der Frauen aus dem Frauenhaus hatte ihr irgendwann so viel Mut gemacht, dass sie es gewagt hatte, einen Schritt weiter zu gehen. Sie hatte gehört, er sei Seemann geworden. Aber sicher konnte sie sich nicht sein. Er konnte jederzeit zurückkommen, um sich an ihr zu rächen.

Sie war so zart und verletzlich, und er liebte sie so. Und dann diese kleine Einzimmerwohnung. Sie hatten so viel Zeit dort verbracht. In einem Holzhaus war das gewesen mit einem Innenhof aus Pflastersteinen. Sie wohnte ganz oben links. Unter ihr wohnte ein alter Mann, von dem es hieß, er sei stocktaub, jedenfalls grüßte er nie, aber nachts griff er zu seinem Besen und klopfte so fest gegen die Decke, dass die Kupfergefäße an Suzies Wänden wackelten.

Kerzenschein und Rotwein. Orgien. Er schämte sich nicht, es so zu nennen. Er hatte vorher schon ein paar Beziehungen gehabt, aber so etwas hatte er noch nie erlebt. Sie schien das genauso zu empfinden.

An einem frühen Sonntagmorgen, als sie gerade dabei waren einzuschlafen, drückte sie ihr feuchtes kleines Gesicht an seines und flüsterte: »Wir wollen immer, immer, immer zusammen sein. So lange wir leben, Kenneth, das verspreche ich dir.«

Im Nachhinein wusste er, dass das der glücklichste Augenblick seines Lebens gewesen war.

Am nächsten Tag gingen sie zum Juwelier und bestellten Ringe. Die Hochzeit sollte im Sommer stattfinden. Sie wünschte sich eine große, aufwendige Hochzeit. Sie zeigte ihm das vergilbte Brautkleid ihrer Großmutter, das auch ihre Mutter getragen hatte. Sie zog es an, aber als sie zu ihm ins Zimmer kam, fiel ihr ein, dass ein Mann seine Braut erst in der Kirche im Brautkleid sehen darf. Sie wurde bleich.

»Was ist los?«, rief er. »Das Kleid steht dir wunderbar, eine schönere Braut als dich hat es noch nie gegeben.«

Sie eilte aus dem Zimmer und kehrte eine Viertelstunde später verheult und mit unordentlichem Haar wieder zurück.

»Das bedeutet Unglück, weißt du das denn nicht? Du hättest mich so nicht sehen dürfen. Jedenfalls nicht vor der eigentlichen Hochzeit.«

»Ach was«, sagte er. »Das ist Aberglaube, an so was glaubst du doch wohl nicht?«

Er glaubte, sie beruhigt zu haben.

In der Zeit darauf veränderte sie sich. Sie übergab sich, besonders morgens. Sie brach leicht in Tränen aus und war überempfindlich. Sie war schwanger. Das Kind sollte im April zur Welt kommen, und als ihr aufging, dass sie das Kleid ihrer Großmutter nicht würde tragen können, geriet sie außer sich. Fast hatte es den Anschein, als könne sie sich deswegen nicht auf das Kind freuen. Er versuchte, sie zu trösten, so gut es ging.

»Unser Kind, meine Geliebte. Du trägst unser kleines Kind

unter dem Herzen. Bist du nicht glücklich? Ist das nicht wichtiger als ein altes Kleid?«

Sie drückte sich an seine Brust und weinte noch mehr.

»Du verstehst das nicht, Kenneth, du verstehst überhaupt nichts.«

Er dachte, dass das tatsächlich stimmte.

Der Tag, an dem sein Leben in die Brüche ging, begann gut. Er erwachte früh, lag da und betrachtete sie. Sie schlief an diesem Morgen so friedlich und lächelte im Schlaf, als würde sie träumen. Vorsichtig strich er ihr über die Wange.

»Ich liebe dich«, flüsterte er.

Sie kuschelte sich in seine Arme. Dann erstarrte sie und riss die Augen auf. Er las Schrecken und Angst in ihnen.

»Was ist los?«, fragte er besorgt.

»Ich habe Angst.«

»Ich bin doch bei dir. Es gibt nichts, wovor du Angst haben müsstest.«

Sie begann zu weinen.

»Conny ist zurück. Ein paar Leute haben ihn gesehen.«

Ein eiskalter Schauer lief ihm über den Rücken.

»Bist du dir sicher?«

Sie nickte.

»O Kenneth, ich habe solche Angst.«

Seine Hand lag auf ihrem Bauch, und er konnte ein schwaches Zappeln spüren. Sein Kind. Ihres.

»Hab keine Angst«, sagte er. »Er wird dir nichts tun.«

»Du kennst Conny nicht. Du kennst ihn nicht.«

»Ich lasse dieses Schwein nicht zerstören, was wir zusammen aufgebaut haben!«

Sie setzte sich auf, blasser denn je.

»Was hast du vor?«

»Lass das meine Sorge sein.«

»Du darfst nicht zu ihm gehen. Versprich mir das! Halte dich von Conny fern! Ich bitte dich. Sonst gibt es eine Katastrophe!«

Er wusste nicht, was er tun sollte. Er war wütend. Er empfand eine starke Wut. Er spürte einen Druck hinter den Schläfen, er sah einen blutroten Nebel vor sich, und es fiel ihm schwer, deutlich zu sehen. Plötzlich war ihm klar geworden, dass es nur eine Lösung gab.

Es war nicht schwer, ihn zu finden. Der Ort war damals nicht sehr groß. Er hatte schnell herausgefunden, dass Conny bei der Witwe Blomberg am Bahnhof zur Untermiete wohnte. Es war Dezember und genauso dunkel und feuchtkalt wie jetzt. Er nahm das Messer mit, das er von seinem Vater bekommen hatte, ein Filetiermesser mit einer kräftigen Klinge. Sein Vater war Koch gewesen.

Er trieb sich in der Nähe des gelben Ziegelhauses der Witwe herum und spähte durch die Fenster. Das Rote war immer noch da und wärmte seine Stirn. Plötzlich ging in einem Fenster in der Mitte das Licht an und eine Männergestalt tauchte riesenhaft darin auf.

Das Fenster umrahmte ihn wie auf einem Bild, das groteske Bild eines Grobians.

»Du Schwein!«, murmelte er.

Die Haustür stand offen. Es gelang ihm, ohne von der Alten gesehen zu werden, die schmale Treppe hochzulaufen. Mit dem Messer hinter dem Rücken beobachtete er die Türen. An allen hingen handgeschriebene und mit Reißnägeln befestigte Zettel. An der Tür in der Mitte hing Connys Name. Er beugte sich vor und las: »C. Frid«. Passender Name, dachte er und verzog den Mund zu einem schiefen, zuckenden Lächeln. Aber jetzt hat es mit dem Frieden ein Ende.

Das Rote war in ihm. Es füllte ihn völlig aus.

Er hob die Hand und klopfte.

Alles ging wie geplant. Zumindest am Anfang. Gott ist auf meiner Seite, dachte er, als er das Messer aus dem schweren, leblosen Körper zog und es an Connys Hosen abwischte. Zwar lautete eines von Gottes Geboten, du sollst nicht töten, aber in diesem Falle hatte er zu Recht getötet. Conny Frid war lebensgefährlich. Er misshandelte Frauen und bedrohte die Frau, die er liebte. Er hatte keine andere Wahl, als ihn auszuschalten, Gott war in dieser Frage sicher seiner Meinung.

Er summte leise, als er die Tür von Connys Zimmer hinter sich schloss und die Treppe hinunterging. Plötzlich stand im Hauseingang die Witwe Blomberg vor ihm. Sie starrte ihn mit ihren kleinen, wässrigen Augen an.

»Bist du nicht der Junge vom Koch? Kenneth? Was machst du denn hier? Meine Güte, was hast du mit deinen Kleidern gemacht? Die sind ja ganz blutig, hast du dich verletzt?«

Erst da bemerkte er, wie er aussah.

Hinterher dachte er, dass alles ganz anders gekommen wäre, wenn er sie ebenfalls getötet hätte. Wenn er seinem ersten primitiven Impuls gefolgt wäre und das Messer in ihren vertrockneten Altfrauenkörper gerammt hätte. Dann wäre er davongekommen. Aber er war kein schlechter Mensch. Das war er nicht. Wie hätte er nur mit dem Wissen weiterleben sollen, eine unschuldige alte Frau getötet zu haben?

Suzanne kam zum Prozess. Er hatte keine Möglichkeit, mit ihr zu sprechen, aber es gelang ihm, sie anzuschauen. Sie lächelte traurig.

»Du brauchst keine Angst mehr zu haben«, bedeutete er ihr mit den Lippen. Sie hob die Hand und winkte ihm unauffällig zu. Sie war hochschwanger, das war deutlich zu sehen. Er dachte, dass er bei der Geburt nicht dabei sein konnte. Er hatte einen Kloß im Hals und wäre beinahe in Tränen ausgebrochen.

In der ersten Zeit hatten sie noch Kontakt. Sie schrieb lange, detaillierte Briefe, in denen sie von den Bewegungen des Kindes in der Gebärmutter erzählte, ein kleiner Fuß, der getreten hatte, eine kleine Faust, die zu spüren gewesen war. »Manchmal hat er auch Schluckauf«, schrieb sie. »Das ist wahnsinnig süß. O Kenneth, wenn du nur hier sein und das alles miterleben könntest.«

Sie hatte nicht die Kraft, ihn zu besuchen. Die Fahrt dauerte zu lang, und sie war müde und hatte geschwollene Beine. Nach einiger Zeit bemerkte er, dass sich eine gewisse Bitterkeit in ihren Briefen bemerkbar machte.

»Ich habe Probleme mit dem Beckenboden und habe mich krankschreiben lassen. Ich kann kaum noch gehen.«

Der Junge kam im April zur Welt, und zwar genau in der Walpurgisnacht. Er war 52 cm groß und wog mehr als vier Kilo. Sie schickte ein Foto, das mit einem billigen Fotoapparat aufgenommen worden war. »Hier ist der kleine Kenny, an dem Tag, an dem er zwei Wochen alt wurde.« Er hängte es in seiner Zelle an die Pinnwand.

Im Frühsommer kamen die Briefe dann immer seltener. Er

erwirkte die Erlaubnis, bei ihr anzurufen. Sie klang müde und reserviert.

»Was ist los, Suzie?«, fragte er nervös. »Ich liebe dich doch. Ich sehne mich nach euch. Kannst du mich nicht mit dem Jungen besuchen? Du verstehst doch sicher, dass ich ihn sehen will. Meinen eigenen Sohn!«

»Ich habe keine Kraft. Ich bekomme überhaupt keinen Schlaf, er schreit die ganze Nacht. Und ich bin mit ihm allein.«

»Wie gerne ich bei euch wäre!«, sagte er verzweifelt.

»Daran hättest du vorher denken müssen.«

»Du brauchst jetzt zumindest keine Angst mehr zu haben«, sagte er flehend.

Sie lachte schrill und fremd. Im Hintergrund schrie ein Säugling, sein Sohn, der kleine Kenny, den er noch nie gesehen hatte.

Der Arzt brachte ihm eines Nachmittags den Brief. Dr. Engström. Er sah ernst aus. Der weiße Umschlag war geöffnet.

»Es tut mir leid, mein Freund«, sagte er.

Er riss den Umschlag an sich und merkte sofort, dass er mehr enthielt als nur einen Brief. Er leerte ihn auf seiner Pritsche aus. Ein Ring. Suzannes Verlobungsring. Er begann zu hyperventilieren, und es gelang ihm nur mit Mühe, den beiliegenden Brief zu lesen.

»Lieber Kenneth. Mir ist klar, dass es Dich traurig stimmen wird, aber ich bin zu dem Schluss gekommen, dass es für uns alle das Beste ist, wenn wir uns trennen. Es dauert so lange, bis Du wieder rauskommst, und wer weiß, was für Menschen wir dann sind und ob uns überhaupt noch etwas verbinden

wird. Jeder Mensch verändert sich im Laufe der Jahre. Ein Kind braucht einen Vater. Das ist auch ein wichtiger Punkt. Ich bin überzeugt, dass Du meiner Meinung bist. Es geht schließlich um die Zukunft eines kleinen Kindes. Es kann für ein Kind nicht schön sein zu wissen, dass sein Vater ein Mörder ist. Mir ist klar, dass Du es gut gemeint hast, aber man kann nicht einfach rumlaufen und Leute umbringen, Kenneth. Ehrlich gesagt habe ich Angst vor Dir, seit ich gesehen habe, welche Kräfte in Dir schlummern. Ich kann so nicht leben, ständig in Angst. Ich danke Dir für all die schönen Stunden. Ich hoffe, dass Du mich verstehst und mir verzeihst. Aber ich kann so nicht weiterleben. Viele Grüße von Suzanne.«

Das Rote war zurückgekehrt, es hatte ihn wie eine Wand übermannt. Die Wut. Er hatte geglaubt, das Rote besiegt zu haben. Er schrie so laut, dass es in der kleinen Zelle widerhallte. Er sah sie vor sich, sah ihren dünnen, zerbrechlichen Hals und die Finger, die ihn umschlossen. Seine Finger.

»Ich bring dich um!«, schrie er. »Ich bring dich um, du falsches Stück.«

Der Arzt schüttelte ihn.

»Seien Sie still!«, brüllte er. »Sie dürfen so etwas nie wieder sagen. Sie dürfen sich nie von Ihrer Wut beherrschen lassen. Darüber haben wir doch gesprochen. Das führt zu nichts. Nein, weinen Sie lieber, Kenneth, lassen Sie Ihrer Kraft durch die Tränen freien Lauf.«

Der Arzt hielt ihn in den Armen. Er kam jeden Tag, sprach mit ihm und hörte ihm zu. Er half ihm, zu trauern und die Trauer auf die richtige Art zu verarbeiten.

»Sie müssen vergessen und nach vorne schauen, mein Freund. Es hat keinen Sinn, in eine solche Beziehung zu investieren. Es zerstört nur ihr Leben, wenn Sie daran festhalten.«

Er weinte. Noch nie in seinem Leben hatte er so viel geweint wie in dieser Zeit. Der Arzt gab ihm Tabletten, sie stumpften ab und beruhigten. Schließlich hatte er die Sache überwunden. Es war ihm sogar geglückt, sie zu akzeptieren. Vielleicht hatte Suzanne ja doch recht. Vielleicht brauchte der Junge ein normales Familienleben. Sie musste die Chance erhalten, ihm einen neuen Papa zu beschaffen.

Am Morgen des Heiligabend kam Nettan mit Glögg und Pfefferkuchen in den Partykellller. Sie trug ein weißes Nachthemd aus Flanell und erinnerte an eine rundliche Lucia.

»Frohe Weihnachten«, sagte sie und stellte ihm das Tablett hin.

Er hatte die ganze Nacht nicht geschlafen.

»Dir auch frohe Weihnachten«, murmelte er.

»Heute hast du deinen ersten Job«, sagte Nettan.

»Ich weiß.«

Die Wut stieg in ihm hoch. Weihnachtsmann! Was für eine vollkommen bekloppte Idee. Er presste die Augen zu, und das Rote flammte hinter seinen Lidern auf.

»Ich weiß«, sagte er erneut und versuchte freundlich zu klingen. »Danke für den Glögg.«

»Nicht der Rede wert. Ich dachte, dass wir essen können, wenn du zurück bist.«

»Danke, das wird sicher nett.«

Er ging in sein Büro und vertrieb sich die Stunden bis zu seinem Auftritt als Weihnachtsmann, indem er Patiencen legte.

Der Computer seines Bruders bot eine Menge verschiedener Varianten. An der schwierigsten, der Spinnenharfe, versuchte er sich achtzehn Mal, ohne dass sie aufgegangen wäre. Um zwanzig nach zwei zog er sich um. Er versteckte sein Gesicht hinter der Weihnachtsmannmaske und ging vornübergebeugt und rasch die Straßen entlang. Suzanne, ging es ihm durch den Kopf. Suzanne ... Das Rote war da, aber er würde es vertreiben. Er dachte an Dr. Engström und sah sein rundes, weiches Gesicht vor sich.

Ich schaffe das, dachte er. Heute ist der erste Tag meines neuen Lebens.

Das Haus sah genauso aus, wie sie es beschrieben hatte. Weiße Betonsteine und Lichterketten. Es lag in einem hübschen Wohnviertel aus den frühen 70er Jahren. Fast alle Bewohner hatten an den Einfahrten Partyfackeln angezündet, und die Fenster leuchteten heimelig. Er sah weihnachtliche Vorhänge mit Herzchenmuster und elektrische Kerzen in den Fenstern. Die Schornsteine rauchten.

Er war vollkommen ruhig.

Der Briefkasten war mit Blumen bemalt. »Hier wohnt Familie Svanberg-Bull«, las er. Links von der Mülltonne fand er einen riesigen Müllsack voller Weihnachtsgeschenke. Er öffnete seinen eigenen Stoffsack, den ihm Nettan aus Jute genäht hatte, und legte die Pakete eines nach dem anderen hinein. Er las die Namen auf den Paketen. Dennis, Kevin, Angelica. Und Kenny.

Unter seiner Weihnachtsmannmaske wurde es feucht. Er musste sie anheben und tief Luft holen.

Ganz unten im Sack lag der Umschlag mit dem Geld. Vier

Hunderter. Kein Begleitbrief. Er steckte den Umschlag in die Tasche. Dann wuchtete er den Sack auf den Rücken und bahnte sich zwischen den strahlenden und blinkenden Lichtinstallationen seinen Weg. Er stand auf der Treppe und starrte einen Kranz aus Immergrün und kleinen roten Kugeln und einer Schleife aus einem Stoff mit Schottenmuster an. Er hatte wieder zu zittern begonnen. Er zitterte am ganzen Körper.

»Nur ruhig!«, ermahnte er sich, genau wie Dr. Engström ihm das beigebracht hatte. »Immer mit der Ruhe, Kenneth, immer mit der Ruhe!«

Das half.

Er hob die Hand und klopfte.

Sie öffnete selbst. Sie hatte sich verändert. Die Zerbrechlichkeit war verschwunden. Ihr Körper war kräftiger. Vielleicht erwartete sie wieder ein Kind. Die Augen waren kleiner, die Wangen rund. Aber sie war es.

»Fröhliche Weihnachten, Weihnachtsmann«, sagte sie und reichte ihm ihre knubbelige Hand. Aber ehe er sie noch nehmen konnte, drehte sie sich um und rief:

»Kinder, schaut mal, wer da ist! Beeilt euch!«

Kleine Füße polterten die Treppe herunter. Dann standen sie da, vier Kinder unterschiedlichen Alters. Das Mädchen ähnelte seiner Mutter. So wie sie früher einmal ausgesehen hatte. Zwei kleinere Jungen, vielleicht Zwillinge. Und dann der große. Der ... Kenny sein musste. Sein Sohn. Einen Kopf größer als die anderen. Mager und knochig, Brille. In Jeans und einem bedruckten Sweatshirt.

Er hatte einen Kloß im Hals.

»Wünscht dem Weihnachtsmann doch fröhliche Weihnachten«, sagte Suzanne. »Lasst ihn in die warme Stube treten.«

Sie glotzten ihn stumm und fast feindselig an. Sie lachte nervös.

»Aber Kinder, das ist doch der Weihnachtsmann!«

Ein Mann trat auf den Flur. Olle Bull. Ja, er sah wirklich so aus wie der lächerliche Ritter aus dem Comic. Strähniger Pony, eckiges Gesicht. Er hatte ein Glas Glögg in der Hand.

»Wenn das nicht der Weihnachtsmann ist!«, rief er und verbeugte sich übertrieben. »Was für ein netter Besuch. Und teuer. Freut ihr euch denn gar nicht, Kinder?«

Die Kinder zuckten zusammen. Ihre Bewegungen hatten etwas Verschrecktes.

»Ho, ho, ho«, brachte er mit Mühe über die Lippen. »Ho, ho.«

Er beeilte sich, den Sack abzustellen, und packte die Weihnachtsgeschenke aus. Jeder bekam sechs Pakete. Er ertappte sich dabei, dass er zählte. Die Kinder schnappten sich die Geschenke, als hätten sie Angst, er könne es sich anders überlegen.

Olle Bull ragte über ihnen auf.

»Was sagt man?«, brüllte er.

»Danke«, piepsten sie wie aus einem Mund.

Schließlich war der Sack leer. Er faltete ihn langsam zusammen. Stand da und hielt ihn in der Hand. Schielte zu Kenny hinüber.

»Jaha ... dann geh ich wohl mal«, sagte er.

Der Mann legte seinen Arm um Suzanne. Er meinte, Hohn in seinem Blick aufblitzen zu sehen.

»Froh... frohe Weihnachten«, stammelte er.

Da war es wieder, das Rote. Das, wovon er geglaubt hatte, frei zu sein. Ein pochender Schmerz hinter den Schläfen, ein dichter, wogender Nebel. Er konnte die Augen nicht von Kenny losreißen. Der Junge starrte ihn ebenfalls an. Er starrte direkt in die Spalten der Weihnachtsmannmaske hinein. Eine Frage lag in seinem Blick, ein Flehen.

Suzanne drückte sich an den Ritter, mit dem sie verheiratet war. Raffiniert, fand er.

»Vielen Dank, Weihnachtsmann«, sagte sie mit lauter, forciert fröhlicher Stimme.

Er nickte träge.

»Der Weihnachtsmann hat es an einem solchen Tag natürlich eilig.« Sie trat hinter ihn, um die Tür zu öffnen. Er streckte die Hand aus. Er schob sie zur Seite.

»Nein ... warten Sie.«

»Bitte?«, flüsterte sie. »Wenn es ums Geld geht, das lag ganz unten im Sack.«

Sie stand ganz dicht neben ihm, und er nahm ihren Geruch wahr, denselben Geruch wie damals, den Duft von Vanille auf ihrer Haut. Er schüttelte sich. Er hatte das Gefühl, sein Gehirn würde in einer zähen und trüben roten Flüssigkeit schwimmen.

»Es geht nicht ums Geld«, sagte er heiser. »Aber es gibt ... ich glaube, es gibt noch ein Weihnachtsgeschenk.«

»Nein«, fiel ihm Suzanne ins Wort. »Das ist jetzt alles.«

»Doch, Suzie. Es gibt noch eins. Und dieses Geschenk ist für den Jungen da drüben, für Kenny.«

Der Junge starrte ihn an. Er öffnete den Mund. Er hatte Angst.

»Kenny!«, wiederholte er. »Kenny, mein Junge. Ich habe etwas für dich. Du bekommst das schönste Geschenk von allen. Du bekommst ... deinen richtigen Papa!«

Mit einem Griff riss er sich die Weihnachtsmannmaske runter.

Das Rote, Heiße, war wieder da. Es schoss in seinen Kopf, trat aus den Augen hervor, und er glaubte, die Wände würden auf ihn einstürzen. Wie aus weiter Ferne hörte er Suzanne schreien: »Ruf die Polizei, Morgan, ruf die Polizei.«

Er bereute es bereits. Das war destruktiv, das war das Rote.

»Verzeih«, murmelte er und wandte sich an Suzanne, fasste nach ihr, wie um sich abzustützen. Er schwankte ein paar Sekunden lang. Dann hatte er sein Gleichgewicht wiedergewonnen.

Eine Hand fasste ihn wie eine Eisenkralle.

»Wenn das nicht ein Mörder ist, der sich als Weihnachtsmann verkleidet hat!«

Der Ritter.

»Entschuldigung, ich gehe jetzt.«

»Kommt gar nicht in Frage. Wir klären das hier und jetzt.«

Der Mann stand vor ihm und hinderte ihn daran zu gehen.

»Suzanne, du rufst die Polizei!«, rief er.

Er sah seinen Sohn, sah die verängstigten Augen. Das Rote war über ihm, hüllte ihn in einen Nebel ein. Er stand da und hielt etwas aus Stoff in den Händen, den Sack. Er öffnete ihn und zog ihn mit aller Kraft über den Kopf des Ritters. Dann öffnete er die Tür und ging hinaus. Er warf die Weihnachtsmaske in die Mülltonne. Er ging mit ruhigen Schritten und drehte sich kein einziges Mal um. Bald befand er sich auf der großen Straße.

Aus dem Schwedischen von Lotta Rüegger und Holger Wolandt

Liza Marklund

Der Holzdieb

Die dunkle Frau glitt wie ein Schatten zwischen den Bäumen hindurch, lautlos, atemlos, wachsam. Das Mondlicht durchflutete den Wald bläulich und kalt und verriet jede Bewegung. Sie sah sich vorsichtig um, während sie weitereilte, sie fror. Bis zur Wärme war es noch weit.

Als sie zur Lichtung kam, blieb sie hinter einem Baum stehen. Alles war still. Die Schornsteine wiesen kalt und stumm in den Nachthimmel. Kein Rauch stieg zu den Sternen auf. Es muss verdammt kalt sein für den Alten, dachte sie. Sie konzentrierte sich lange auf das Küchenfenster, sah den Mond in dem unregelmäßigen, handgearbeiteten Glas schimmern. Keine Bewegung.

Also fasste sie einen Entschluss, holte den Sack hervor und ging ruhig zum Schuppen hinüber.

Der alte Mann erwachte von der Kälte. Sie war durch die Decke gekrochen und in seine Lungen hinein, feucht und schwer. Langsam spürte er den Schmerz zum Gehirn vordringen, stöhnte, hustete gepresst. Danach atmete er schwer und tief ein paar Mal durch, lag still auf dem Küchensofa und horchte auf die Uhr. Das Licht der Sterne draußen vor dem Fenster zersplitterte die Dunkelheit in unzählige grauschwarze, manchmal fast blaue Nuancen. Er hob den Kopf und schaute angestrengt zur Holzkiste hinüber, die Kacheln über dem Eisenherd leuchteten auf.

»Schwarzer«, sagte er.

Die Katze löste sich aus den Schatten vor dem Herd, machte zwei weite Sätze über den Küchenfußboden und landete auf dem Brustkorb des Mannes. Er lachte.

»Du wirst immer dicker, du Kater.«

Das Tier vollführte ein paar Runden auf der Decke und legte sich dann mit der Nase in der Halsgrube des Mannes zurecht. Er spürte, wie die Wärme des kleinen Körpers durch die Decke strömte und den Schmerz in der Brust linderte. So lagen sie eine Weile, der Alte und die Katze.

Die Blase drückte, bald würde er aufstehen müssen.

Da raschelte es hinten bei der Holzkiste, und die Katze jagte hoch. Mit einem riesigen Satz war das Tier auf dem Boden und raste hinter der Maus her. Die Teppiche fuhren durcheinander, der Alte lag mucksmäuschenstill und verfolgte die Jagd mit konzentriertem Gehör. Dann kam das erschrockene Piepsen von Schmerz und Tod, das triumphierende Jaulen der Katze und schließlich das Knacken von brechenden Mäuseknochen. Er gluckste zufrieden.

»Gut gemacht, Schwarzer.«

Dann gab es keinen Aufschub mehr. Er nahm die Decke beiseite, schob vorsichtig die Beine über die Kante und stützte sich dabei mit der rechten Hand ab. Er stieg direkt in seine Hosen, die lange Unterhose und die Wollsocken hatte er im

Bett schon angehabt. Mit einem kräftigen Ruck stieß er sich ab und kam auf die Beine, der Rücken schmerzte. Jetzt musste er sich beeilen. Er stolperte zur Veranda, zog sich den Helly-Hansen-Pullover über, die Kappe auf und die Stiefel an und ging auf die Treppe hinaus.

Es war eiskalt, der Raureif hatte die Stufen glatt gemacht. Er rutschte fast auf dem steinernen Mühlrad aus, das als letzte Treppenstufe diente. Mit der rechten Hand an der Fassade abgestützt, schob er sich um die Ecke und ließ den Urin in einem schrägen Strahl Richtung Wald ab. Er schloss die Augen und genoss die Erleichterung. Nachdem er abgeschüttelt und ihn wieder reingestopft hatte, nahm er ein paar tiefe Atemzüge und ließ den Blick über die Landschaft schweifen. Nach Norden hin stand der Wald dicht, doch nach Osten öffnete er sich zu dem Sumpf hin, wo einmal das Sägewerk gestanden hatte. Der Mond und die Sterne ließen den Frost aufblitzen, er konnte das Licht und die Farben erkennen.

Dann drang die Kälte wieder in seine Lungen ein, und er musste husten. Er wandte den Blick von der Landschaft ab und begab sich zurück ins Haus. Jetzt machte er die Lampe auf der Veranda an und die Leuchtstoffröhre in der Küchenecke, die plötzliche Helligkeit ließ ihn blinzeln. Die Katze saß hinten bei der Speisekammer und leckte sich das Maul, ein paar Haarbüschel und Knochenreste lagen um den Schlachtplatz herum.

Der Alte ging zum Spülbecken hinüber und griff nach dem Wasserschöpfer. Er nahm einen Schluck, und die Katze sprang ebenfalls hinauf und schlabberte aus dem Eimer.

»Das tut gut«, sagte der Alte und schmatzte.

Nun war es Zeit, Holz zu holen.

Der Gedanke daran verursachte ihm Bauchschmerzen.

Zunächst zündete er den Herd mit den Scheiten an, die er gestern Abend hereingeholt hatte, das Eisen des Herddeckels war kalt unter seinen Händen. Als er das Streichholz anzündete, merkte er, wie er zitterte. Er wusste, was jetzt anstand. Mühsam erhob er sich und nahm den Korb und die Taschenlampe.

Die linke Hand gerade ausgestreckt, um das Gleichgewicht nicht zu verlieren, humpelte er zum Holzschuppen hinüber, die Taschenlampe rollte im Korb hin und her. Auf der anderen Seite des Grabens blieb er stehen und machte die Lampe an, richtete den Lichtstrahl auf den Boden. Er blinzelte angestrengt. Verdammte Augen. Selbst wenn es da noch Spuren im Raureif gab, vermochte er sie nicht zu erkennen.

Als er den Haken umlegte und die Tür öffnete, wusste er sofort Bescheid. Er konnte nicht beschreiben, warum, vielleicht war es der Geruch eines anderen Menschen, der noch in der Luft hing, vielleicht war da die Ahnung einer höheren Temperatur, aber er war sicher. Hier war vor ganz kurzer Zeit jemand gewesen.

Er ließ den Lichtkegel über die Reihen von Holz gleiten, die gewissenhaft gesägten, gehackten, getrockneten, gestapelten, sortierten und geordneten Scheite, alle exakt gleich lang, damit sie in den Küchenherd passten, in unterschiedlicher Dicke gehackt, die man brauchte, um schnell ein Feuer anzünden und es dann am Brennen halten zu können. Erle, Espe, Birke, Fichte und Kiefer, er hatte unterschiedliche Stapel für die verschiedenen Holzarten und Kisten mit Birkenrinde und Borke.

Als der Lichtkegel das Birkenholz erreichte, zuckte er zusammen. Heute Nacht hatte es also die Birke erwischt. Er stolperte zum Holzstoß hinüber und strich mit der Hand über die Scheite, ja, es stimmte. Was die Augen nicht sehen konnten, wussten seine Hände, hier fehlten Kloben. Wut und Jähzorn krampften sich in seinem Unterleib zusammen, er stöhnte laut, ballte die Faust so stark, dass sich seine Nägel in die Handfläche bohrten und der Schmerz seine Gefühle überdeckte. Sein Holz! Die Birke, mit der er im Frühjahr so verdammt viel Arbeit gehabt hatte. Teile des Stammes, den er vom Windbruch hinten am Gorgsjö hergeschleppt hatte. Es war ein stattlicher Baum gewesen, direkt am Ufer, mit rauschenden Blättern und vielen dicken Ästen. Er hatte sie alle genutzt, den Baum in Stücke gesägt und bis hin zu den allerkleinsten Bestandteilen verarbeitet. Sein ganzer Frühling lag in diesen Holzstücken. Er seufzte schwer, Tränen liefen ihm aus den Augen. Teufel noch mal! Der Teufel hole den verdammten Menschen, der sein Holz stahl! Der Teufel hole den elenden Holzdieb!

Er sank auf den Hackklotz und weinte.

Annika Bengtzon küsste ihre Großmutter aufs Haar.

»Ich werde nicht lange fort sein.«

Großmutter lächelte und strich ihr über die Wange.

Annika hängte sich ihre Tasche über die Schulter und nahm die Plastiktüte in die Hand. Draußen auf der Treppe blieb sie stehen, blinzelte in das helle Winterlicht und atmete einige Male tief ein. Der Hosjö unterhalb von Lyckebo war gefroren. Wenn sich die Kälte hielt, würde sie später in den Weihnachtstagen noch Schlittschuh laufen können.

Der Raureif knirschte unter ihren Füßen, als sie zur Wegkreuzung ging, an ihrem Leihwagen aus Stockhohn vorbei. Der alte Gustav wohnte in dem Gebiet jenseits der Straße, auf einem kleinen Hof bei der Sägerei, der Lillsjötorp hieß. So lange sie denken konnte, hatte sie ihn am Weihnachtstag besucht. Schon als sie noch ein Kind war, hatte er uralt gewirkt.

Annika ging schnell und zielstrebig den Waldweg entlang, der ihr wohlvertraut war. Sie war in diesen södermanländischen Wäldern um Hälleforsnäs aufgewachsen, bis zu diesem Herbst hatte sie ihr ganzes Leben lang hier gelebt. Seit ungefähr zwei Monaten arbeitete sie in Nachtschicht beim *Abendblatt* in Stockholm. Die Ereignisse des Herbstes (siehe »Studio 6«) hatten dazu geführt, dass sie mehrere Monate lang nicht zu Hause gewesen war. In ihrem Leben war eine Leere entstanden, die nur durch ganz feste Traditionen, wie zum Beispiel Weihnachten auf dem Hof von Großmutter am Ufer des Hosjö, ausgefüllt werden konnte.

Der kleine Hof Lillsjötorp funkelte wie ein Juwel im Dunkel des Waldes, der Frost glitzerte auf der Fassade, alles wirkte geradezu betörend pittoresk. Weiß und Falunrot, Sprossenfenster, doppelte Holzplanken, die blaue Tür, bemooste Apfelbäume. Doch je näher Annika kam, desto deutlicher wurde der Verfall. Das Grundstück war von Lupinen überwuchert, die schwarzen Samenkapseln standen rund ums Haus wie verrottete Ausrufezeichen auf Stängeln. Die seltsamen Spuren im Schnee rührten von dem hinkenden Gang und der schlechten Hüfte des alten Gustav her, eine führte zum Pinkelplatz um die Ecke, eine zum Plumpsklo, und die am meisten ausgetretene natürlich zum Holzschuppen und dem dazugehörigen Boden. Die Fassade musste dringend abgeschliffen und gestrichen werden. Der Kitt war teilweise aus den Fenstern gefallen, und es schien, als habe Gustav die schadhaften Stellen mit Zement ausgebessert. Zum Wald hin türmte sich ein Berg von Konservendosen und leeren Branntweinflaschen auf.

Annika seufzte und klopfte an. Es geschah nichts. Sie klopfte fester.

»Onkel Gustav!«

Eine rabenschwarze Katze kam aus dem Wald gelaufen, sprang auf die Treppe und strich ihr um die Beine.

»Hallo, Schwarzer, ist Herrchen nicht zu Hause?«

Sie drückte die Klinke herunter, die Tür war nicht verschlossen.

»Hallo …!«

Sie betrat die Veranda, blinzelte ins Dunkel und starrte direkt in einen doppelten Gewehrlauf. Ihr Schrei dröhnte ihr selbst in den Ohren und ließ den Gewehrlauf zurückzucken.

»Um Himmels willen, Gustav, was machst du denn?«

Der alte Mann ließ die Schrotflinte sinken und glotzte sie verwirrt an. Er war schmutzig und unrasiert, sie konnte die Ausdünstungen seines Körpers aus einem Meter Entfernung riechen. Seine Haare waren fettig, der Blick wirr. Das Gesicht wirkte ein wenig geschwollen.

»Aber lieber Gustav, was ist denn bloß los?«

Das Herz schlug ihr laut in der Brust, sie hatte sich richtig erschrocken. Die Katze schlich an ihnen vorbei in die Küche, Annika zog die Außentür zu. Die Veranda lag wieder im Dunkeln, und sie sah die Silhouette des alten Mannes gegen die Türöffnung zur Küche.

»Marias Annika ...?«, fragte er und ließ das Gewehr noch ein wenig tiefer sinken.

»Ja, allerdings!«, antwortete sie und klang ärgerlicher, als sie beabsichtigt hatte. »Warum um Himmels willen stehst du denn hier mit der Büchse im Anschlag auf der Veranda?«

Der Alte drehte sich abrupt um und humpelte in die Küche, Annika folgte ihm mit ihrer Tasche und der Tüte mit Essen. Drinnen war es drückend warm, jene Art Hitze, die von einem glühend heißen alten Eisenherd ausgeht. Die Katze hatte sich auf dem gekachelten Streifen zwischen Herd und Wand zusammengerollt, und Annika fragte sich, wie sie es schaffte, nicht gegrillt zu werden. Der Mann setzte sich auf einen Holzstuhl am Küchentisch und legte die Büchse übers Knie.

Annika stellte die Tasche und die Tüte mit dem Weihnachtsessen vor das ausgezogene Küchensofa – Gustav hatte sein Bett heute nicht gemacht. Resolut ging sie hinüber und nahm dem Mann das Gewehr weg. Er protestierte nicht. Sie klappte die Waffe auseinander, aber sie war nicht geladen. Mit einem Seufzer schob sie sie unter das Sofa.

»Komm, Gustav«, sagte sie und setzte sich auf einen Stuhl ihm gegenüber, »jetzt erzähl mal, was hier vorgeht.«

Der Alte fing an zu weinen. Seine Schultern sanken zitternd herab, er verbarg das Gesicht in den Händen.

»Aber mein Guter«, sagte Annika und klopfte ihm unbeholfen auf den Arm, »bester Onkel Gustav, jetzt sag doch, was passiert ist!«

»Der Holzdieb«, sagte der Alte leise, »es ist der Holzdieb.« Er schnäuzte sich und wischte den Rotz an der Hose ab.

»Heißt das, jemand stiehlt dein Holz?«, fragte Annika.

Er nickte. Annika schaute den kleinen Mann an. Gustav war ein alter Waldarbeiter. Sein ganzes Erwachsenenleben hatte er auf diesem alten Hof verbracht, zunächst mit seiner Mutter und nach ihrem Tod dann allein. Es gab Elektrizität und kaltes Wasser, das er in einem Wassereimer auf dem Spültisch aufbewahrte und mit der Katze teilte.

Gustav bekam eine kleine Rente, und darüber hinaus durfte er sich am Windbruch im Gutswald, in dem der Hof stand, bedienen. Sein ganzes Leben galt diesen Bäumen. Der Holzschuppen beinhaltete für ihn einen Schatz an Erinnerungen, Gedanken, Natur und Arbeit. Sie dachte an all die Sommer, in denen sie Gustav mit dem Holz geholfen hatte. Er hatte ihr gezeigt, wie man die Scheite hoch auf dem linken Arm stapelte, mit dem rechten Arm die Balance hielt und so einen großen Berg auftürmte. Schon im Alter von sieben Jahren hatte sie gelernt, wie man große Kloben mit einem einzigen Schlag zerhackte, und einen kleinen Hackklotz neben Gustavs großem gehabt.

Während der Kaffeepause, wenn jeder der beiden auf seinem Holzstapel saß, hatte Gustav von den erstaunlichen Dingen erzählt, die die Bäume gesehen hatten. Er hatte ihr die Jahresringe gezeigt und den Baum mit unterschiedlichen historischen Ereignissen, sowohl globalen als auch lokalen, charakterisiert.

»Schau mal, als er so groß war wie ein Weihnachtsbaum, haben die Bolschewisten in Russland die Macht übernommen. Diese Birke hier war nur ein kleiner Strauch, als sich die armen Bauernkinder oben in Löfberga zu Tode husteten. Hier wurde ich geboren, da wurdest du geboren. Der Baum hat alles gesehen, weiß alles, war immer dabei, jajaja.«

»Sollen wir rübergehen und in den Holzschuppen schauen?«, fragte Annika.

Sie bemerkte, dass Gustav sehr schlecht gehen konnte.

»Drei Wochen ist es her«, brummte der Alte. »Ich habe es sofort gemerkt. Erst war es die Fichte vom Weißen Berg, dann die Kiefer von der anderen Seite des Sägewerks. Diesmal ist es die Birke vom Gorgsjö.«

Er legte den Haken um und stieß die Tür auf. Drinnen lagen die Holzscheite bis zum Dach aufgestapelt, Lage auf Lage, unglaublich viel Holz. Für Annika und alle anderen Menschen auf der Welt waren das einfach nur irgendwelche Holzkloben.

»Hier«, sagte Gustav und schlug mit der Hand auf einen der Stapel, »die Birke. Die hat der Holzdieb heute Nacht geholt.«

Annika sah sich um. Vor dem Holzschuppen gab es viele Spuren, sowohl von Menschen als auch von Tieren.

»Hast du heute Nacht etwas gesehen oder gehört? Ein Auto? Ein Motorrad?«, fragte sie.

Der Alte schüttelte den Kopf. Er konnte nur schlecht sehen, aber mit seinem Gehör war alles in Ordnung. Annika schaute sich den Boden genau an.

»Hier sind auch keine Fahrradspuren. Der Holzdieb muss zu Fuß gekommen sein. Du weißt ja wohl, was das heißt, oder, Gustav?«

Der Mann antwortete nicht.

»Niemand schafft es, Holz weiter als ein paar hundert Meter zu schleppen«, sagte Annika. »Also muss es jemand aus Hedberga unten gewesen sein.«

Beide schauten den Waldweg entlang, der zum Dorf hinunterführte.

Nachdem Annika den alten Gustav mit Schinken, Stockfisch und geräuchertem Lachs allein gelassen und ihm recht schöne Weihnachten gewünscht hatte – trotz des Holzdiebes –, nahm sie den Weg zwischen den Bäumen hindurch. Leichte Schneeflocken fielen zu Boden, unendlich langsam, als hielten sie in der Luft immer wieder inne. Annika fing einige mit der Zunge auf.

Nach ein paar Minuten erreichte sie die ersten Holzhäuser von Hedberga. Das Dorf war eine uralte Ansammlung von Holzbalken, die sich vor dem Hintergrund des großen Waldes zusammenkauerten. Nur die ein oder andere Parabolantenne durchbrach die gepflegte Postkartenidylle.

Sie ging langsam den Weg entlang und schaute die weihnachtlich geschmückten Häuser an. Die elektrischen Kerzenbögen sandten einen warmen Lichtschein aus den Fenstern. Zu jedem Menschen in diesem Dorf stand sie in irgendeiner Verbindung.

Dort in dem größten Haus wohnten Åke und Inga Karlsson, er war in der Mittelstufe ihr Lehrer gewesen.

Auf dem benachbarten Hof wohnten Asta und Folke Nykander und ihr Sohn Petter, der etwas zurückgeblieben war. Petter war ein paar Jahre älter als Annika, als Kind hatte sie sich vor ihm gefürchtet.

Weiter hinten sah man die Gebäude des Hofes von Hjalmar Petterson, dem Pastor der Freikirche, der dort mit seiner scheinheiligen Frau Elsa wohnte. Hjalmar hatte Annikas Mutter nach ihrer Scheidung einmal öffentlich verdammt.

Auf dem Bauernhof hinten am Waldrand wohnten Karin und Anders Bergström mit ihren drei Kindern. Karin und sie waren Klassenkameradinnen gewesen. Anders galt im Ort als faul. Er schafft es nicht einmal, sich ein Kondom überzuziehen, dachte Annika bei sich, als sie an den auf dem Hof verstreuten Spielsachen vorbeiging.

Ingela Jönsson, die »Spermatopf« genannt wurde, weil sie so leicht herumzukriegen war, wohnte in einer kleinen Kate, die sie von ihrer Mutter geerbt hatte. Diese sah still, dunkel und unbewohnt aus.

Annika schaute abschätzig zu der Hütte hinüber – ihr Freund hatte sie mit Spermatopf betrogen.

Um die Ecke wohnte der Bauer Axelsson mit seinen fünf Kindern, die alle immer nach Kuhstall rochen. Annika hatte als Schülerin manchmal auf sie aufgepasst.

Einer von diesen Leuten hat das Holz des alten Gustav gestohlen, dachte Annika.

Mit einem Seufzer bog sie nach Lyckebo ab.

Die Christmette in der Kirche von Floda begann um sechs Uhr. Annika und Großmutter waren schon zwanzig Minuten früher da. Axelssons trampelten mit fast allen Kindern herein, da saßen der hochfahrende Hjalmar und seine Elsa ebenso wie Asta und Folke Nykander, aber ihr Sohn fehlte. Åke und Inga Karlsson kamen kurz nach dem Läuten, Åke sah stockbesoffen aus.

Die große Kirche strahlte Frieden aus in der Winternacht. Annika schloss die Augen und lauschte dem Eingangslied. Brich an, du schönes Morgenlicht, von den södermanländischen Bauern aus rauen Kehlen vorgetragen. Die klassischen Weihnachtstexte flogen an ihr vorbei, ein Kind ist uns geboren, ein Sohn gegeben, es begab sich aber zu der Zeit, dass ein

Gebot von dem Kaiser Augustus ausging, dass alle Welt geschätzet würde.

Sie döste ein und wurde mit einem Schlag geweckt, als die Glocken wieder zu läuten begannen und der Gottesdienst vorbei war. Etwas verwirrt ließ sie sich zusammen mit Großmutter zum Eingang schieben. Sie setzten sich ins Auto und fuhren den Schotterweg zurück nach Lyckebo. Im Laufe des Abends hatte es aufgehört zu schneien, und die Landschaft war in eine dicke Lage Watte gehüllt. Sie kamen an Granhed vorbei und hatten Hedberga oben zur Linken liegen, als Annika plötzlich zusammenzuckte.

»Hast du das gesehen?«, fragte sie.

»Was?«, fragte Großmutter, die in der Wärme des Autos eingenickt war.

»Da stand jemand im Wald.«

»Niemals«, sagte Großmutter, »das war sicher ein Reh.«

»Mit Kapuze?«, fragte Annika skeptisch.

Den Rest des Weges schwiegen sie, doch als Annika der alten Frau wieder ins Haus geholfen hatte, sagte sie:

»Ich drehe noch eine Runde.«

»Um diese Uhrzeit?«

»Ich möchte nur noch mal nach Gustav sehen«, sagte Annika und nahm eine große Taschenlampe aus ihrer Tasche. Draußen auf der Treppe schob sie prüfend den Lichtschalter vor, ja, sie funktionierte. Der Mond leuchtete wie ein kreisrunder Scheinwerfer über dem Wald, man brauchte keine Lampe. Sie ging schnell zwischen den Bäumen hindurch und dachte an einen Herbst, in dem sie hier handtellergroße Pfifferlinge gepflückt hatte. Jetzt bedeckte der Schnee den Boden, sie stolperte über ein paar Äste.

Der Holzdieb musste aus Hedberga kommen, deshalb nahm sie den Umweg über das Dorf.

Sie musste nicht lange suchen.

Die Spuren waren ganz deutlich, sie leuchteten bläulich in dem kreideweißen Neuschnee. Sie waren recht groß, schlängelten sich ein wenig durch den Wald, doch führten sie allmählich direkt zum Holzschuppen des alten Gustav. Annika folgte ihnen die ganze Strecke entlang, und erst als sie zehn, zwanzig Meter von dem Haus entfernt war, wurde ihr klar: Die Spuren verliefen nur in eine Richtung. Der Holzdieb war immer noch da drin. Ihre Gedanken flogen hin und her. Wenn es nun der riesige und zurückgebliebene Petter war, der konnte sie zusammenschlagen, oder vielleicht Anders Bergström, der faule Mann von Karin.

Annika schlich die letzten Meter zur Tür und hatte ein Gefühl, als würde sie den Boden gar nicht berühren. Sie zog die Tür auf, jemand stand da drin, groß und dunkel, schwarz gekleidet, und fuhr herum. Annika schob den Schalter vor und leuchtete der Person direkt ins Gesicht.

»Du«, sagte Annika.

Es war Ingela Jönsson, Spermatopf. Die Frau warf die Arme hoch, um sich vor dem Lichtstrahl zu schützen.

»Nimm die Lampe weg!«, schrie sie.

Annika ging in den Schuppen hinein, ohne den Lichtkegel vom Gesicht der Frau abzuwenden.

»Was machst du denn hier, verdammt noch mal?«, sagte Annika, und ihre Stimme zitterte vor Anspannung und Zorn. »Wie kann man nur einen alten Mann bestehlen, der kaum mehr laufen kann? Ist dir klar, wie er für dieses Holz geschuftet hat?«

Sie trat einen Schritt näher an die Holzdiebin heran. Im nächsten Moment flog ihr die Lampe aus der Hand, ein schwerer Schlag in den Magen presste ihr die Luft mit einem Gurgeln aus dem Hals. Sie stolperte in einen Stapel Fichtenholz, fiel hin und landete unsanft auf dem Hintern.

Die Frau beeilte sich, zur Tür zu kommen, stieß sie mit einem Schlag auf und wollte in den Wald rennen. Im selben Moment donnerte der Knall über die Lichtung, rollte, blieb zwischen den Stämmen hängen, und dann wurde der Türrahmen neben Annika von tausend Bleikörnern zersplittert. Sie schrie, Ingela Jönsson jammerte und fiel rückwärts wieder in den Holzschuppen zurück.

»Der verdammte Alte schießt auf uns«, jaulte sie.

Der nächste Schuss traf die Tür, das Holz wurde zerfetzt. Annika schrie wieder auf und kroch auf allen vieren zu dem Stapel Birkenholz. Sie zwängte sich zwischen zwei Stapel, zog die Knie unters Kinn und machte sich so klein wie möglich.

Die Stille nach den Schüssen war ebenso ohrenbetäubend wie die Schüsse selbst. Nach einer Weile wurde Annika ihre eigene panische Atmung bewusst, und die unregelmäßigen Schluchzer und das Stöhnen von Ingela Jönsson.

»Bist du ... getroffen worden?«, fragte Annika.

Die Frau wimmerte irgendwo im Dunkeln, gleich neben ihr.

»Ich glaube, ja«, sagte Ingela. »Im Gesicht.«

Annika strich sich mit zitternden Händen das Haar aus der Stirn. Die Mütze hatte sie verloren.

»Ich muss mit ihm reden«, sagte sie.

Sie erhob sich vorsichtig in der Dunkelheit und stieß sich den Kopf an einem herausragenden Holzkloben. Die zerschossene Tür war wieder zugefallen, und im Schuppen war es dunkel. Sie tastete sich mit den Händen bis zur Tür vor.

»Gustav«, rief sie durch die Türöffnung in den Wintermorgen hinaus, »Gustav, ich bin's, Annika. Maria Hällströms Annika. Ich bin hier drin mit dem Holzdieb. Können wir miteinander reden?«

Sie wartete still auf eine Antwort. Nichts kam.

»Gustav!«, rief sie, noch etwas lauter. »Ich bin's, Annika. Ich komme jetzt raus.«

Keine Antwort.

»Nun geh schon, ehe ich verblute«, meckerte Spermatopf.

Annika holte tief Atem und stieß die Tür auf. Die Schüsse kamen unmittelbar hintereinander, die zerschossenen Holzstücke tanzten in der Luft. Annika stolperte rückwärts und fiel auf die Holzdiebin.

»Au verdammt, du fette Kuh«, sagte Ingela Jönsson.

»Halt die Schnauze, du alte Hure«, kreischte Annika.

Die Stille kehrte nach dem anhaltenden Dröhnen des Schusses langsam zurück. Ingela boxte Annika von ihrem Schoß herunter.

»Schäm dich«, sagte Ingela Jönsson weinerlich, »wie kann man nur einen anderen Menschen Hure nennen. Oder Spermatopf. Ich weiß, dass ihr das sagt. Hast du dir schon mal überlegt, wie widerlich das ist?«

Annika atmete schwer, mit offenem Mund.

»In meinen Augen bist du ein Luder. Du hast versucht, mir meinen Freund wegzunehmen.«

Ingela Jönsson kroch nach hinten zu einem anderen Holzstapel.

»Ich habe Sven geliebt«, sagte sie, »und er hat mich geliebt. Wenn du nicht gewesen wärst, wären wir jetzt verlobt.«

»Blödsinn«, sagte Annika.

Die Holzdiebin begann zu weinen. Annika saß schweigend da und hörte ihr eine Zeitlang zu. Es fing an, richtig kalt zu werden, ihre Finger wurden langsam taub.

»Ich blute«, schniefte Spermatopf. »Ich bin im Gesicht getroffen.«

Im selben Moment spürte Annika das kalte Metall ihrer Taschenlampe unter der einen Hand. Sie betätigte den Schalter mit steifen Fingern. Sie funktionierte noch.

»Lass mich mal sehen«, sagte sie und leuchtete der anderen Frau ins Gesicht.

Ingela Jönsson kniff die Augen zusammen. Sie blutete wirklich aus einer Wunde an der linken Wange. Annika beugte sich etwas tiefer.

»Bin ich angeschossen?«

Annika drückte ein wenig auf die Wunde, die Frau zuckte zusammen.

»Nein«, sagte Annika, »aber du hast einen großen Splitter unter dem Auge. Warte mal, ich ziehe ihn raus …«

»Aua!«

Mit einem schnellen Ruck hatte Annika das Holzstückchen entfernt und hielt es jetzt triumphierend in den Lichtkegel der Taschenlampe. Ingela drückte ihre Hand auf die Wunde.

»Ich werde Wundstarrkrampf bekommen«, sagte sie.

»Du wirst ganz sicher überleben«, sagte Annika.

»Wenn der alte Bock uns nicht beide erschießt.«

Annika tastete in der Dunkelheit herum und fand, wonach

sie gesucht hatte: einen langen Stock, den sie benutzte, um die kaputte Tür damit aufzustoßen. Sekunden später knallte der Schuss. Die Frauen kauerten sich zusammen und vergruben die Köpfe zwischen den Armen.

»Wir werden hier wohl noch eine Weile sitzen bleiben müssen«, meinte Annika.

Das Tageslicht bahnte sich langsam einen Weg zwischen die Holzstapel.

Annika und Ingela hatten es sich mit dem Rücken an jeweils einem Holzstapel bequem gemacht. In unregelmäßigen Abständen stießen sie an die Reste der Tür, jedes Mal donnerte ein Schuss. Einige Bretter in der Schuppenwand fingen an nachzugeben.

»Warum?«, fragte Annika.

Ingela antwortete nicht.

»Wie kann man nur einen alten Mann bestehlen?«, fragte Annika etwas lauter und schaute die Frau vor dem Holzstapel gegenüber an.

»Ich habe gefroren«, sagte Ingela und drehte den Kopf weg.

Annika blinzelte.

»Aha«, sagte sie, »und die Lösung war, Holz zu stehlen, oder was?«

»Das wirst du nie begreifen«, sagte Ingela hitzig, »du hast es ja immer so verdammt gut gehabt.«

Annika lachte laut und grob, und der alte Gustav antwortete mit zwei weiteren Schüssen.

»Ja, lach du nur«, sagte Ingela leise, nachdem sich das Dröhnen gelegt hatte, »du hattest ja alles, hast den besten Job gekriegt, den besten Typen und konntest noch nach Stockholm ziehen.«

Annika schluckte schwer.

»Du hast ja keine Ahnung«, erwiderte sie. »Du weißt ja überhaupt nichts davon, wie es mir ging.«

Ingela Jönsson antwortete nicht. Sie saßen lange schweigend da.

Annikas Füße waren vor Kälte gefühllos.

»Sie haben den Strom abgestellt«, sagte Ingela schließlich, »und das Telefon. Ich bin aus der Kasse rausgeflogen, habe keinen Pfennig mehr.«

»Und? Hast du mal in Erwägung gezogen, arbeiten zu gehen?«, fragte Annika ironisch.

»Jetzt sei mal nicht so superschlau«, sagte Ingela. »Was glaubst denn du, was es in Hedberga für Jobs gibt?«

»Ja, verdammt, dann musst du halt wegziehen«, erwiderte Annika.

»Und wo soll ich wohnen? Mein Haus steht schließlich hier!«

»Dann verkauf es.«

»Für die alte Holzhütte krieg ich doch nichts mehr.«

Annika stöhnte.

»Dann bleib eben da hocken und jammere. Du willst ja, dass es dir schlechtgeht.«

Ingela stieß die Tür auf, zwei Schüsse krachten.

»Alter Scheißkerl!«, kreischte sie.

Gustav lud neu und schoss noch zweimal.

»Hast du nie gearbeitet?«, fragte Annika.

Ingela seufzte und spielte zerstreut mit den Sägespänen auf dem Boden.

»Doch«, sagte sie, »bei der Hauspflege in Hälleforsnäs. Aber das war vor den Kürzungen. Vor drei Jahren bin ich wegrationalisiert worden.«

»Schon mal daran gedacht, woanders wieder anzufangen?«

»Dazu brauche ich ein Auto, und das ist zu teuer.«

»Wo wir gerade von Autos reden«, meinte Annika, »hörst du, was ich höre?«

Das Geräusch eines Volvo-Motors breitete sich zwischen den Bäumen aus, wurde abwechselnd lauter und leiser.

»Meinst du, der könnte auf dem Weg hierher sein?«, fragte Ingela.

Annika lauschte noch ein wenig länger.

»Sieht so aus«, sagte sie. »Er wird gleich hier sein.«

Die Frauen krochen zur Ecke des Schuppens, und jede spähte durch eine Ritze in der Wand.

Ein blauweißer Kombi wurde hinter den Ästen sichtbar.

»Ein Polizeiauto!«, flüsterte Annika.

»Ja!«, wisperte Spermatopf.

Das Auto blieb vor der Eingangstreppe des Hauses stehen. Ein Mann und eine Frau in der Uniform der Streifenpolizei stiegen aus.

»Das sind Hansson und Pettersson aus Katrineholm«, sagte Annika leise. »Ich bin schon mal mit ihnen unterwegs gewesen, als ich eine Reportage gemacht habe.«

Annika sah, wie die Polizisten langsam auf das Haus zugingen, und hörte, wie die Frau mit lauter Stimme »Frohe Weihnachten« sagte und darauf: »Wie geht's denn so?«

Dann hörte sie Gustav eine Antwort murmeln.

Schnell eilte sie zu der zerschossenen Tür und schaute vorsichtig hinaus. Sie sah, wie der Polizist auf den alten Mann zuging und ihm die Büchse aus der Hand nahm. Schnell stieß sie die Tür auf und trat ins Licht hinaus. Ingela Jönsson kam brüllend und schreiend hinter ihr hergerast.

»Der ist ja nicht ganz dicht, der verdammte Kerl, er wollte uns erschießen!«

Die Polizisten schauten erstaunt zum Holzschuppen. Der alte Gustav versuchte, das Gewehr zurückzuerobern, und fing auch an zu kreischen.

»Verdammte Holzdiebe, Ausbunde des Teufels! Blei im Arsch sollt ihr haben, verdammte Bande …«

Die Polizisten umfassten den alten Mann mit festem Griff und trugen ihn auf den Rücksitz des Polizeiautos. Der Alte protestierte den ganzen Weg über laut, während Ingela hysterisch kreischte, wie blutrünstig und mordlüstern er sei. Annika merkte, wie ihr die Luft ausging, plötzlich wurde ihr vor Kälte und Erschöpfung schwindelig.

»Ich gehe jetzt rein«, sagte sie.

Die Küche war ausgekühlt, wahrscheinlich waren die Wände schlecht isoliert. Annika schob ein Paket schmaler Holzscheite in den Herd, stopfte etwas Rinde darunter und zündete sie an. Schon bald brannte ein Feuer. Schnell zog sie sich einen Stuhl heran und setzte sich an den Herd. Langsam tauten ihre Glieder auf, sie legte Holz nach. Hansson, die Polizistin, kam in die Küche.

»Meine Güte, Bengtzon«, sagte sie und nahm sich auch einen Stuhl, »was ist denn hier los gewesen?«

Annika seufzte.

»Ingela Jönsson stiehlt schon seit geraumer Zeit von Gustavs Holz, er drehte durch und fing an, auf den Holzschuppen zu schießen.«

»Wir haben einen Anruf von unten aus Hedberga bekommen, dass hier im Wald wie verrückt geschossen würde«, sagte die Polizistin. Sie beugte sich vor und schaute Annika mit durchdringendem Blick an.

»Glauben Sie, dass er geschossen hat, um zu treffen?«

Annika erwiderte den Blick.

»Ganz sicher nicht«, sagte sie. »Wenn er uns hätte schaden wollen, dann hätte er nur die Tür öffnen und uns erschießen müssen. Er wollte nur drohen.«

Hansson seufzte, lehnte sich zurück und legte die Handflächen auf den Küchentisch.

»Was für ein verdammter Mist«, sagte sie. »Fräulein Jönsson da draußen schreit von Mordversuch und Terror.«

»Die wird sich auch wieder beruhigen«, meinte Annika und legte Holz nach.

Die Polizistin sah sich in der Küche um.

»Wohnt der Alte hier?«, fragte sie ungläubig.

»Allerdings«, erwiderte Annika. »Er schläft auf dem Küchensofa und feuert wie verrückt den Herd an.«

»Was für ein Elend«, sagte Hansson voller Abscheu. »Schauen Sie mal, die Mäusekötel auf dem Fußboden. Er hat auch nicht gerade frisch gerochen.«

»Gustav hält sich sehr sauber«, widersprach Annika. »Einmal in der Woche badet er in einem großen Zuber, hier vor dem Herd. Die Sache mit dem Holzdieb hat ihn nur ganz schön mitgenommen, müssen Sie wissen.«

Die Polizistin erhob sich.

»Ich gehe jetzt und rufe die Sozialstation an«, sagte sie.

Ingela und die Katze kamen herein, als die Beamtin hinausging. Schwarzer hüpfte auf Annikas Schoß, drehte ein paar Runden und legte sich dann mit der Schwanzspitze unterm Kinn hin.

Die beiden Frauen saßen schweigend nebeneinander, wärmten sich, ließen den Adrenalinspiegel sinken.

»Er ist ja nicht ganz richtig im Kopf, oder?«, sagte die Frau.

Annika antwortete nicht, sie streichelte die Katze, die auf ihrem Schoß eingeschlafen war.

»Na ja, jetzt muss er auf jeden Fall weg«, fuhr die Holzdiebin zufrieden fort. »Und es ist die Frage, ob er jemals wieder rauskommt. Der alte Sack stirbt sowieso bald.«

»Eins sage ich dir«, sagte Annika, »Gustav ist der einzige Mensch, der jemals so etwas wie ein Großvater für mich war. Ich liebe ihn.«

Erst nachdem sie das gesagt hatte, erkannte sie, dass es die Wahrheit war.

Ingela biss die Zähne zusammen, ohne zu antworten, ein paar Minuten saß sie still da.

»Ich habe einen Typen kennengelernt«, sagte sie dann.

Annika hob die Augenbrauen.

»Und?«

Spermatopf schaute zu Boden.

»Er mag mich. Er weiß nichts von dem ... ja, dem Wort da. Kommt aus Eskilstuna, lebt da in einer Wohnung. Er findet Hedberga ganz toll und mein Haus total charmant. Vor allem den offenen Kamin ...«

Das Holz knackte, Birkenholz.

»Ist es seinetwegen?«, fragte Annika.

Ingela antwortete nicht.

»Dass du gestohlen hast?«

Die Frau schloss die Augen.

»Vielleicht«, sagte sie. »Wir lieben uns immer vor dem offenen Feuer. Anfangs habe ich Holz gekauft, aber wer kann sich das schon leisten, fünfundvierzig Kronen pro Sack? Dann haben sie den Strom abgestellt, und ich hatte keine andere Wahl.«

Annika spürte die Wut wieder in sich aufsteigen.

»Und du hast nicht daran gedacht, deinen Radius mal ein wenig zu erweitern?«

Die Frau zuckte mit den Schultern.

»Ich dachte, dem Alten würde es nichts ausmachen. Er hat doch so viel Holz, und außerdem sieht er ja so schlecht. Ich dachte, er würde nichts merken. Und Holz ist ganz schön schwer! Ich hätte es ja nicht unendlich weit tragen können, ich musste es von jemandem aus der Nähe nehmen.«

Annika antwortete nicht und dachte abschätzig an Spermatopf und ihren offenen Kamin, in dem als Kulisse fürs Vögeln Gustavs Holz brannte.

Dann hörte man plötzlich schwere Schritte auf der Treppe.

»Hallo, allerseits!«, sagte eine derbe Stimme von draußen.

»Marja!«, rief Ingela und stand auf.

Eine kräftige Frau in Wollumhang und Mütze füllte die Türöffnung zur Küche fast aus, hinter ihr konnte man die Polizistin sehen.

»Aber hallo, Ingela«, sagte die Dicke, »lange nicht gesehen. Wie geht's dir?«

Die Frauen begrüßten einander herzlich.

»Marja war früher die Leiterin der Hauspflege in Hälleforsnäs«, erklärte Ingela, als Annika der Frau die Hand geschüttelt hatte.

»Ich weiß, wir kennen uns«, sagte Annika.

Marja, die inzwischen der Sozialstation vorstand, sah sich in der Küche um.

»Aha«, sagte sie, »so also sieht es bei dem aus. Jaja, jaja ...«

»Er heißt Gustav«, sagte Annika.

»Jaja, ich weiß«, sagte Marja und ging und öffnete die Speisekammer.

»Ich wusste nicht, dass es hier oben noch Leute gibt, die nach wie vor so leben.«

Sie beugte sich herab und studierte die Reste einer halb gefressenen Maus.

»Hm«, sagte sie, »so kann das nicht weitergehen.«

»Das ist auch meine Meinung«, sagte Hansson.

Marja öffnete den Geschirrschrank und hielt ein Glas prüfend gegen das Licht.

»Wir sollten ihm einen Heimplatz besorgen«, meinte sie.

Annika spürte, wie sie wütend wurde.

»Jetzt aber mal langsam«, unterbrach sie das Gespräch. »Haben Sie schon mit Gustav gesprochen? Er ist sein ganzes Leben lang hier prima klargekommen, aber jetzt wird er einfach etwas alt. Wäre es nicht besser, wenn er hier draußen ab und zu ein wenig Hilfe bekäme?«

Marja breitete die Hände abwehrend aus und lächelte leicht.

»Jeder hat das Recht auf ein menschenwürdiges Leben«, sagte sie.

»Richtig. Gustav braucht Unterstützung und Fürsorge.«

»Alle haben das Recht auf einen angemessenen Lebensstandard. Das hier ist kein annehmbares Umfeld.«

»Und es ist also an Ihnen, das zu beurteilen, auf Gustavs Kosten?«, fragte Annika ruhig.

Die Frau sah Annika eine Weile aus klugen Augen an.

»Ab und zu ein wenig Hilfe«, wiederholte sie nachdenklich. »Ja, das ist natürlich eine Möglichkeit. Man könnte es damit erst einmal versuchen. Es muss natürlich jemand aus der Umgebung sein, jemand, der jeden Tag kommen und nach Gustav sehen kann. Wenn wir eine solche Person finden könnten, die Erfahrung hat und gleich in der Nähe wohnt ...«

Im selben Moment kam Pettersson, der Polizist, ins Haus, hinter ihm der alte Mann.

»Hauen Sie mit dem verrückten Schießwütigen ab!«, kreischte Ingela Jönsson.

Gustav erstarrte in der Tür, als er die Frau in seiner Küche stehen sah.

»Schmeißen Sie den Holzdieb raus!«, brüllte er. »Ich will keine verdammten Holzdiebe in meinem Haus!«

»Schluss jetzt!«, rief Annika wütend. »Hört auf! Jetzt gebraucht mal euren Verstand!«

Es wurde totenstill in der Küche, fünf Paar Augen starrten sie an, man konnte nur das Birkenholz im Ofen knacken und die Uhr ticken hören.

»Es ist Weihnachten«, sagte sie. »Es ist mir scheißegal, ob ihr an Gott glaubt, aber ihr solltet das als ein Zeichen nehmen. Wenn ihr ein bisschen Klugheit und Toleranz beweist, dann werdet ihr klarkommen, wenn nicht, dann sieht es für euch beide schlecht aus.«

»Was soll das heißen?«, fragte Spermatopf dümmlich.

»Ihr zwei seid die Lösung eurer Probleme«, sagte Annika.

Schnell drängte sie sich an Ingela Jönsson und dem alten

Gustav vorbei. An der Außentür blieb sie stehen und begegnete ihren erstaunten Blicken.

»Jetzt seid ihr dran«, sagte sie, schloss die Tür und ging in den Schnee hinaus.

Aus dem Schwedischen von Susanne Dahmann

QUELLENNACHWEIS:

Gisa Klönne (Hg.)

Leise rieselt der Schnee ...

Der Krimi-Adventskalender

ISBN 978-3-548-26972-6
www.ullstein-buchverlage.de

Weihnachten, Fest der Liebe – eigentlich. Doch der alljährliche Trubel rund um Tannengrün und Weihnachtsgans kann durchaus Mordgelüste wecken. Auch das Wettrüsten mit der Festbeleuchtung und die ungewohnte familiäre Innigkeit führen oftmals direkt in den Abgrund. 24 bekannte deutsche Autorinnen blicken hinein.

»Garantiert mörderisch amüsant und gar nicht besinnlich« *Hamburger Morgenpost*

»Ein entspannendes Alternativprogramm zum Weihnachtskitsch« *Emma*

Gitte Hænning (Hg.)

Die schönsten Weihnachtsgeschichten

ISBN 978-3-548-26973-3
www.ullstein-buchverlage.de

Verschneite Landschaften, eisige Winter – wohlig warme Kaminabende mit Glögg und guten Geschichten. Gitte Hænning hat in diesem besinnlichen, humorvollen und phantasiereichen Band die großen Erzähler Skandinaviens versammelt. Ein stimmungsvolles Lesevergnügen für die dunkle Zeit des Jahres. Mit Geschichten von Hans Christian Andersen, August Strindberg, Herman Bang, Astrid Lindgren, Hanne-Vibeke Holst, Åke Edwardson u. a.

Olga Kaminer (Hg.)
Weihnachten auf Russisch

www.list-taschenbuch.de
ISBN 978-3-548-60849-5

Olga Kaminer feiert Weihnachten mit uns und hat einige der schönsten Geschichten aus ihrer Heimat in diesem Band versammelt.

Es erzählen: Nikolai Gogol, Fjodor Dostojewski, Michail Saltykow-Schtschedrin, Nikolai Leskow, Anton Tschechow, Maxim Gorki, Alexander I. Kuprin, Leonid Andrejew, Michail Sostschenko, Vladimir Nabokov, Wladimir Woinowitsch, Oleg Jurjew und Wladimir Kaminer.

List Taschenbuch

L349